AF389978

BRIGNOGAN

La Sorcellerie Amusante

AVEC 47 ILLUSTRATIONS

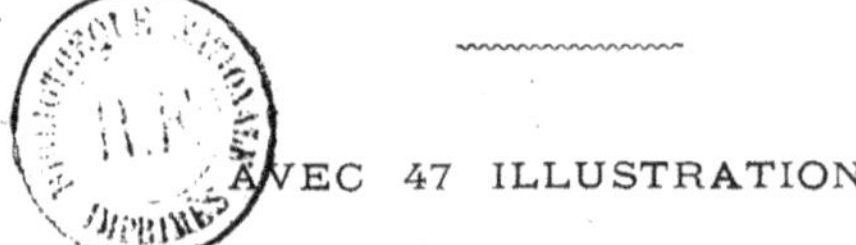

PARIS

LIBRAIRIE LOUIS CHAUX

23, Quai Voltaire, 23

PRÉFACE

Qui n'a connu, tout au moins de réputation, les célèbres prestidigitateurs et illusionnistes Bosco, Robin, Comte, Robert-Houdin? Qui n'a vu ou entendu citer leurs non moins célèbres continuateurs, les Cazeneuve, les Dicksonn, les Méliès, les Isola, les Buatier de Kolta, etc. J'en passe et des meilleurs.

N'est-ce pas quelque peu de l'histoire contemporaine que cette mémorable odyssée des frères Davenport, oubliés sans doute aujourd'hui, mais qui en l'année 1865 absorbèrent pendant plusieurs mois la curiosité publique en France et auxquels les journaux de leur époque consacrèrent d'innombrables colonnes?

C'est précisément cette faveur incontestable avec laquelle le public a toujours accueilli les expériences de pseudo sorcellerie qui nous a suggéré l'idée de publier le présent ouvrage. Nous avons pensé qu'il n'était pas sans intérêt de donner l'explication de quelques trucs ; nous avons choisi pour cela plusieurs expériences *types* qui aideront à comprendre presque toutes, pour ne pas dire toutes, celles qui ont été représentées, même les plus mystérieuses en apparence. On le verra, en effet, dans le cours de cet ouvrage, les moyens employés pour produire les illusions ne sont pas illimités et le même truc sert de nombreuses fois sous des formes différentes.

Nous espérons que Messieurs les illusionnistes ne nous garderont pas rancune de dévoiler quelques-uns de leurs secrets, puisque du même coup nous rendons pleine et entière justice à leur ingéniosité. D'ailleurs, nous déclarons modestement qu'une fois de plus il n'y a rien de nouveau sous le soleil et que, bien avant nous, les plus intéressés à conserver le secret professionnel ont donné eux-mêmes l'exemple de l'indiscrétion ; nous voulons parler notamment des ouvrages publiés par Robert Houdin et Dicksonn sur l'art de la presdigitation et de l'illusion.

Il est bon d'ajouter que l'habileté du prestidigitateur entre pour beaucoup dans la réussite des trucs et que le simple mécanisme ne suffirait pas toujours à assurer l'illusion.

Il faut distraire l'attention du public par des incidents à coté, et ne pas lui permettre de se concentrer sur tel ou tel détail qui pourrait lui fournir la clé du mystère. C'est pourquoi tout illusionniste doit avoir l'élocution facile. Il doit être aussi secondé par un aide intelligent qui, malgré son rôle effacé en apparence, contribue à l'exécution des trucs dans une mesure d'autant plus considérable que l'assistance n'attache en général aucune importance à ses faits et gestes.

1

LE TRUC DES SPECTRES

A tout seigneur, tout honneur. Le truc des spectres est un des plus anciennement pratiqués et, il faut le dire, un des plus amusants. Il est basé sur l'emploi des glaces. Les Anglais revendiquent pour un de leurs compatriotes M. Pepper, directeur de la Polytechnical Institution de Londres (1), l'invention de ce truc qu'ils désignent sous le nom de "Pepper's Ghost" (Fantômes de Pepper). On a tiré du même principe quantité d'autres illusions dont nous citerons quelques-unes.

Voici en quoi consiste ce truc : On voit (fig. 1) sur une scène deux personnages, l'un revêtu d'un costume quelconque, l'autre portant l'uni-

---

(1) Ce nom de " Polytechnical Institution " ne doit pas éveiller l'idée d'un établissement technique quelconque. C'était une sorte de musée populaire où l'on montrait aux spectateurs quelques expériences de physique appliquée et de prestidigitation.

forme des spectres, c'est-à-dire recouvert d'un drap blanc. Le fantôme se dirige vers son partenaire, le menace; celui-ci donne les signes de la plus vive épouvante, cherche à fuir, mais en vain ; l'autre le poursuit. Pour se débarrasser de l'importun fantôme, le premier personnage n'a qu'une ressource, il tire son poignard et lui en porte un coup violent; mais, ô surprise ! le bras et le poignard passent à travers et ne rencontrent que le vide, tandis que la terrifiante apparition reste debout, implacable, et ricanant de cette inutile tentative d'assassinat. Naturellement le premier personnage est un acteur ordinaire en chair et en os ; l'autre, le fantôme qui supporte si gaillardement les coups de poignard, n'est qu'une image impalpable qui, à un moment donné, finit par disparaître, ou plutôt par s'évanouir d'un seul coup au milieu de la scène et sans le secours de la moindre trappe, porte de sortie si employée par le diable au dernier acte des féeries.

Intercalons ici quelques lignes de théorie qui constituent le principe de l'expérience.

Si, devant un verre plan ou une *glace*, nous disons glace et non miroir, on place un objet quelconque, cet objet se reproduit de l'autre côté de la glace en grandeur naturelle et à la même distance.

L'image ainsi formée est dite image virtuelle. Elle n'est, par conséquent, visible qu'à travers la glace; si l'on regarde du côté de la glace où elle se produit

Fig. 1

on n'aperçoit rien. Il existe un instrument dont les écoliers se servent quelquefois pour reproduire des dessins ou des cartes et qui est précisément basé sur ce principe. Il se compose purement et simplement d'une glace verticale; à gauche on met le dessin à reproduire, à droite une feuille de papier, en regardant à travers la glace l'image se reproduit sur le papier et on n'a qu'à en suivre les contours.

Cette image s'appelle image virtuelle par opposition aux images dites réelles comme celles qui se produisent sur un écran avec la lanterne magique ou sur la glace dépolie de la chambre noire.

On sait de plus que, lorsqu'on se regarde dans une glace sans tain, une vitre de fenêtre, par exemple, il est très difficile sinon impossible de discerner son image ; mais si l'on ouvre la fenêtre et qu'on se place extérieurement à la vitre et face à l'intérieur de la chambre, l'image devient au contraire très sensible ; cela tient à la différence de l'éclairage de chaque côté de la vitre; l'extérieur est en pleine lumière, l'intérieur est relativement sombre, et cette obscurité remplit en quelque sorte le rôle du tain d'un miroir ; la scène doit donc être très faiblement éclairée pour que l'image réfléchie du spectre possède la plus grande intensité possible. Ceci exposé, reportons-nous à la figure 1 qui représente la disposition de la scène et des dessous.

Nous voyons sur la scène un acteur vivant et un fantôme. Presque à l'avant de la scène une grande glace sans tain dont les bords sont dissimulés latéralement et à la partie supérieure par des tentures. Cette glace est naturellement invisible pour les spectateurs. En avant de la glace le plancher s'infléchit et s'interrompt pour ne reprendre que sur l'extrême bord de la scène. Sous celle-ci un acteur drapé en spectre et violemment éclairé par un puissant projecteur de lumière, également placé sous la scène ; inutile de dire que la disposition du plancher n'est pas plus visible pour les spectateurs que ce qui se passe dessous. Conformément aux principes énoncés plus haut, l'image de l'acteur fantôme vient frapper la glace inclinée, se trouve réfléchie par celle-ci et forme son image sur le théâtre même comme le montre la gravure ; mais de cette image visible pour les spectateurs l'acteur en scène ne perçoit rien ; il faut donc, pour ses mouvements, que tout soit repéré d'avance sur le plancher, suivant la progression du drame.

Pour les motifs que nous avons exposés, la scène doit être peu éclairée, pour permettre à l'image spectrale de se détacher vigoureusement ; de plus, le personnage chargé sous le plancher du rôle de spectre doit recevoir du projecteur lumineux le plus de lumière possible ; cette lumière est, en général, produite par une lampe électrique, lampe à arc bien entendu.

Le projecteur doit être naturellement placé et abrité
de façon à éviter qu'il se réfléchisse dans la glace.
Il faut remarquer, en outre, que les images pro-
duites par une glace sans tain ou un miroir étant
symétriques des objets qui les produisent, les mouvements apparaissent en sens inverse des mouvements réels, d'où nécessité, par exemple, de manier
une arme de la main gauche pour que l'image réfléchie la représente tenue de la main droite. Une des
conditions les plus difficiles à remplir, c'est la position inclinée de l'acteur fantôme. N'oublions pas, en
effet, que pour produire une image perpendiculaire
au plancher de la scène d'un objet réfléchi par une
glace *inclinée*, il faut nécessairement que cet objet
soit incliné. Lorsqu'il s'agit d'une apparition immobile, la chose ne présente pas de difficultés, l'acteur
n'ayant qu'à se poser sur un support incliné avec
dossier à angle droit ; mais la chose devient beaucoup plus difficile lorsque l'apparition doit se mouvoir. Notre illustration permet, en outre, de remarquer que la disposition du plancher est invisible
pour les spectateurs parce que ceux-ci sont placés
plus bas que la scène, mais il n'en serait pas de
même pour des assistants placés plus haut que la
scène et surtout sur les côtés. Le truc des spectres,
s'il était toujours réalisé comme nous venons de
l'exposer, nécessiterait donc une scène et une salle
spécialement agencées, ce qui est rarement le cas ;

aussi emploie-t-on de préférence le dispositif qui
consiste, comme nous le verrons plus loin, à placer
l'acteur spectre non plus sous la scène, mais sur un
des côtés, et à placer la glace non obliquement, mais
perpendiculairement au plancher. La nécessité d'un
dessous de scène se trouve donc éludée et le truc
peut être établi partout où l'on dispose d'une surface suffisante.

Voici sommairement le dispositif (fig. 2) :

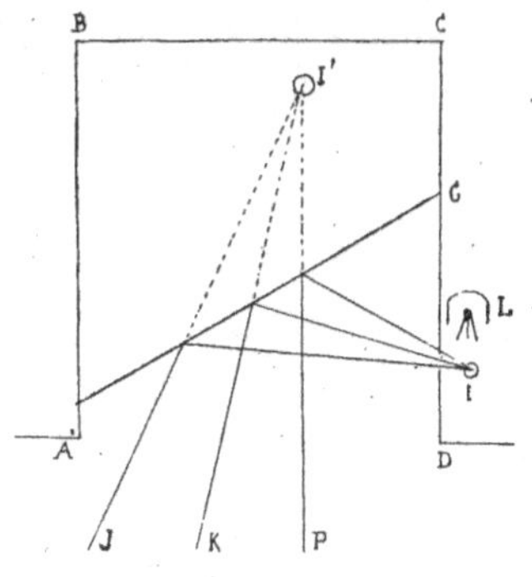

Fig. 2

Soit A B C D la scène, A D le devant, B C le fond ;
une glace G est posée perpendiculairement au plancher faisant en E G avec l'avant A D un angle de 30°.
On place en F, l'acteur chargé du rôle de spectre et
on l'éclaire fortement comme nous l'avons dit, par
un projecteur électrique ou oxydrique L. Il émet des

rayons lumineux qui viennent frapper la glace et se
réfléchissent en faisant suivant les lois de l'optique
un angle de réflexion égale à l'angle d'incidence.
L'image se forme au point de rencontre de ces rayons
réfléchis, c'est-à-dire au point I', où elle forme pour
les spectateurs placés en un point quelconque J K ou
P, une image réelle puisque ceux-ci la perçoivent
par le prolongement des rayons réfléchis.

LE CABARET DU NÉANT

Les amateurs de spectacles en plein vent ont pu
remarquer depuis plusieurs années dans les fêtes
foraines quelques baraques dénommées ˮSalon ou
Antre de la Mortˮ ou toute autre appellation similaire.
De sensationnelles et macabres peintures attirent le
public, et l'impresario ou ses aides affublés de costumes monastiques d'un goût plus que douteux haran-
guent l'assistance en lui promettant le spectacle le
plus effrayant qu'on puisse jamais contempler : la
vision de son propre squelette ! Bref, un régal excep-
tionnel pour les tempéraments avides d'émotions
corsées.

Nous ne décrirons pas spécialement ces sortes
d'exhibitions ; elles sont à très peu de chose
près la reproduction des spectacles présentés en ces
temps derniers par le ˮCabaret du Néantˮ, établisse-

ment montmartrois qui a conquis par l'étrangeté de son spectacle une quasi célébrité. Nous ignorons d'ailleurs à qui revient l'idée première de ce spectacle, et si celui du Cabaret du Néant est l'œuvre originale d'un inventeur ou la copie d'un banal imitateur. Comme on le verra l'*inventeur* n'a d'ailleurs fait qu'appliquer la théorie des spectres sous une forme différente et dans un cadre spécial ; et c'est à dessein que nous avons rapproché du vieux truc, cette toute récente application de la même théorie, pour démontrer ce que nous indiquions dans notre préface au sujet des procédés de la magie blanche ou noire.

Voici donc en quoi consiste l'illusion représentée au Cabaret du Néant.

Les spectateurs passent à travers un long couloir tendu de noir et se trouvent dans un restaurant funèbre. Le long des murs, des cercueils en guise de table et sur chacun d'eux une bougie allumée ; du centre du plafond pend ce que l'on appelle un chandelier de Robert Macaire fait d'ossements et de crânes. Les spectateurs peuvent s'asseoir aux tables et sont servis par un garçon d'aspect lugubre habillé en croquemort avec un long crêpe pendant à son chapeau. Autour des murailles sont placées des peintures, sur lesquelles l'impresario attire l'attention de l'assistance ; vues à la lumière de la salle, ces peintures représentent des scènes quelconques ; mais elles prennent toutes un nouvel aspect lorsque les lumiè-

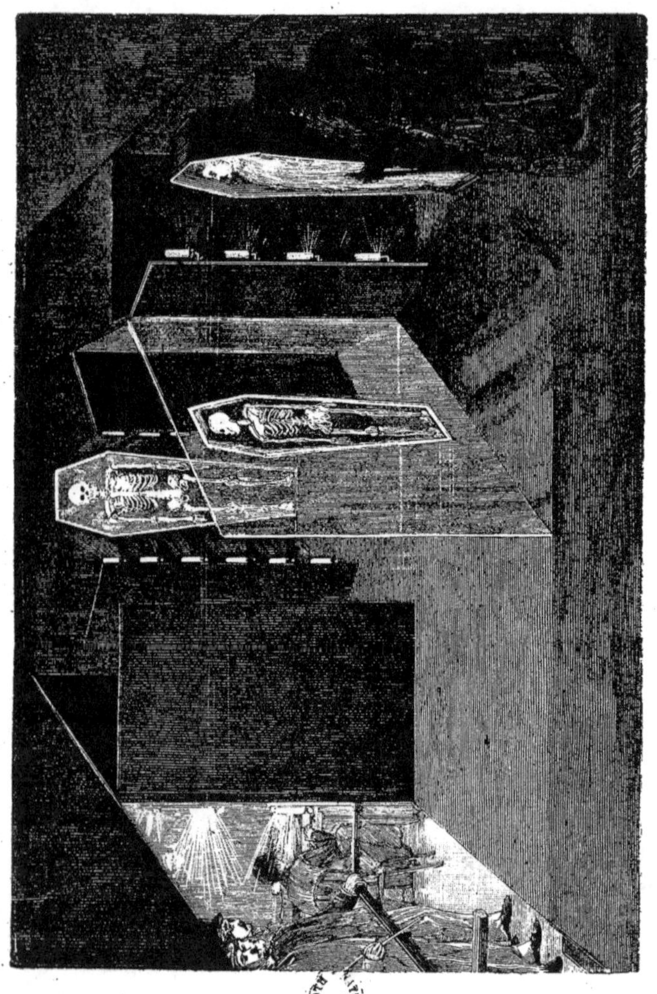

Fig. 3

res placées derrière chacune d'elles sont levées : les figures se transforment en squelettes, chaque peinture n'étant autre qu'un tableau transparent produisant un effet différent, selon qu'il est éclairé de l'arrière ou vu simplement à la lumière réfléchie. On pénètre ensuite dans la seconde pièce qui est entièrement tendue de noir ; sur les murs, des larmes sont peintes, et juxtaposées, deux inscriptions quelque peu incongrues : Défense de fumer et Requiescat in pace. La raison de la première inscription ainsi que d'ailleurs l'explique le barnum est que, pour le succès de l'illusion une atmosphère d'une pureté absolue est essentielle. Au bout de la seconde pièce, au fond d'une estrade, on aperçoit un cercueil dressé debout et dans lequel on prie quelqu'un de l'assistance de se placer. L'*amateur* est introduit sur l'estrade par une porte de côté et il est conduit par un aide jusqu'au cercueil dans lequel il se place ; on le fait monter sur des blocs de bois que l'on place sous ses pieds à hauteur suffisante pour que le haut de la tête affleure juste la partie supérieure du cercueil, ce dont l'aide s'assure avec une précaution minutieuse. Deux jets de lumière oxydrique viennent alors l'illuminer pendant qu'on le drape dans un linceul blanc. Puis comme les spectateurs le considèrent, il semble disparaître peu à peu, s'évanouit complètement et, à sa place, un squelette apparaît dans le cercueil.

Quelques instants après, c'est au tour du squelette

de disparaître graduellement et le corps drapé de l'amateur apparaît de nouveau. L'illusion est absolument parfaite pour l'assistance. Quant au personnage dans le cercueil, il ne voit absolument rien d'extraordinaire. S'il sait ce qui se passe, l'intérêt pour lui réside dans le changement de physionomie des spectateurs, d'autant mieux qu'au moment où leur étonnement est à son comble, il est absolument invisible pour eux, quoique placé directement devant et alors qu'eux-mêmes sont par contre plus éclairés que jamais. Après son retour à l'existence, on prie un autre amateur de remplacer le premier, de façon que celui-ci puisse à son tour se rendre compte des métamorphoses qu'il vient de subir.

On entre ensuite dans la troisième salle quelque peu semblable à la seconde, mais sur l'estrade se trouvent une table et une chaise, tous les murs sont tendus de noir ; un des assistants est invité à s'asseoir à la table ; il le fait, et comme tout à l'heure ne voit rien. Cependant la description du barnum, l'aspect et les commentaires de l'assistance lui indiquent qu'il se passe quelque chose de très intéressant et les remarques lui feront sans doute comprendre que cette fois, du moins, il est toujours resté visible ; il quitte l'estrade où un autre vient prendre sa place et il comprend alors la nature du drame dont il vient d'être l'inconscient acteur. Il voit l'autre spectateur assis à sa table. Soudain un fantôme, celui d'un vieillard probablement, apparaît de l'autre côté de la table sur laquelle s'aperçoivent en même temps une bouteille et un verre. Quand il est invité à se verser ui-même, l'acteur dénote par ses mouvements incons-

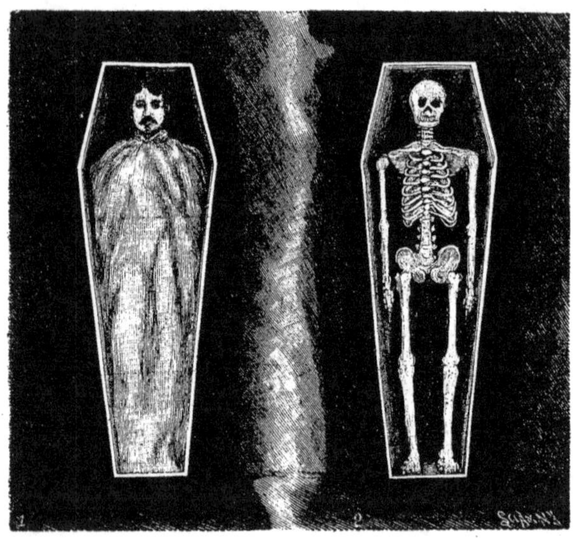

FIG. 4

cients qu'il ne voit certainement pas le verre au travers duquel sa main passe sans obstacle. D'autres fois, l'on voit apparaître le spectre d'une femme faisant vers lui les gestes les plus désordonnés sans qu'il puisse s'en rendre compte. Ceci termine la séance à laquelle on donne la tournure d'une cérémonie funéraire, au moyen de cloches sonnant de façon lugubre chaque fois que l'on passe d'une salle dans l'autre et par l'apparition d'un Caron en robe noire pour conduire le spectateur dans le cercueil.

Dans l'une de nos illustrations, nous montrons, côte à côte, le cercueil avec son habitant vivant enveloppé dans un drap, et dans l'autre le squelette qui apparaît à sa place (fig. 4).

Deux autres gravures (fig. 5 et 6) montrent la scène entre le spectateur et le spectre, et font voir par les mouvements multiples du dit spectre que ce, n'est pas une simple peinture, mais évidemment une chose mouvante et animée. Notre grand dessin montre précisément la disposition du truc et cela d'une façon si compréhensible qu'une explication est à peine nécessaire. A la gauche, on voit les spectateurs et un des barnums au piano, psalmodiant ses funèbres mélodies ; à la droite, Caron, et juste devant lui le cercueil avec son vivant locataire. Quand il est éclairé par les brûleurs que l'on voit près de lui, les autres brûleurs étant baissés, le cercueil et celui qui l'occupe sont seuls visibles pour les spectateurs. Juste devant le cercueil et traversant l'estrade obliquement, est une grande glace sans tain, exempte de tout défaut qui n'offre naturellement aucun obstacle à la vue du

cercueil avec son occupant, lorsqu'ils sont éclairés en
plein (fig. 3).

A l'un des côtés de l'estrade, dans le fond du
dessin, se trouve peint un squelette dans un cercueil
éclairé, à volonté, par un double jeu spécial de brû-

Fig. 5

leurs ; il est dissimulé à la vue par un écran. Lorsqu'on vient à l'éclairer fortement, en éteignant
simultanément les brûleurs qui éclairent le véritable
cercueil, les spectateurs voient, réfléchie par la glace,
l'image brillante du cercueil peint et de son squelette. En ouvrant graduellement un jeu de brûleurs
pendant que l'on ferme de mêm e l'autre jeu, l'impres-

sario peut obtenir un effet *dissolvant*, le squelette remplaçant à volonté le spectateur et vice versa.

Lorsqu'on manie la lanterne à projection on sait que pour obtenir des vues *fondantes* irréprochables un répérage parfait est indispensable. C'est en cela que réside le secret de l'exhibition du cercueil au Cabaret du Néant. Au moyen des blocs de bois sur lesquels l'amateur se place dans le cercueil, l'opérateur arrive à placer sa tête à l'emplacement déterminé d'avance qu'occupera la tête réfléchie du squelette. De même ce n'est pas sans motits que l'opérateur recouvre son sujet d'un linceul qui l'enveloppe des épaules aux pieds en recouvrant même les blocs de bois; il remédie ainsi aux défauts de répérage qui résulteraient des différences de taille entre les personnes qui se prêtent à l'expérience. En d'autres termes, on fait «cadrer» chaque taille avec un squelette d'une hauteur toujours la même, la position de la tête et la draperie dissimulant aux spectateurs cette incorrection; étant donné que le crâne occupe précisément la place de la tête, le reste s'arrange de lui-même.

En nous reportant encore à la grande gravure, nous verrons qu'elle sert également à expliquer le spectacle de la dernière salle. Au lieu du cercueil, il y a une table et une chaise et au lieu du squelette peint il y a un acteur vivant. Il n'y a pas là d'effet ondant. En ouvran*t* les brûleurs placés sur le côté de l'estrade les objets voulus et l'acteur équipé en fantôme apparaissent sur l'estrade, réfléchis par la glace. Les spectateurs voient simultanément leur compagnon assis à la table et la réflection du fantôme qui semble ainsi exécuter ses mouvements à côté de lui.

Fig. 6

Au point de vue scientifique et scènique, cette exhibition est des plus intéressantes et pour celui qui sait comment elle s'exécute, l'intérêt s'accroît encore. Pour en jouir convenablement il est bon de prendre place sur l'estrade pour une des scènes ou pour les deux.

LA MÉTEMPSYCOSE

Quoique comportant beaucoup moins de mise en
scène on peut rapprocher du truc du Cabaret du
Néant celui que l'on représente depuis beaucoup plus
longtemps, du reste, dans les fêtes foraines sous la
dénomination de *Métempsycose*.

Un buste en plâtre représentant à volonté Diane,
Vénus, ou toute autre célébrité féminine est présenté sur un piédestal ; graduellement il disparaît
et graduellement aussi, on voit paraître à sa place
celui d'une jeune personne vivante qui respire,
ouvre les yeux et donne en un mot toutes sortes de
manifestations muettes de son existence ; puis cette
apparition s'efface à son tour pour céder la place à
une lugubre tête de mort ; mais comme il ne faut pas
laisser l'assistance sous cette funèbre impression,
la tête de mort disparaît à son tour et est remplacée par un gracieux bouquet de fleurs qui lui-même

pourrait être remplacé par un nombre indéfini d'apparitions nouvelles.

Il suffit, en effet, d'avoir comme au Cabaret du Néant un objet vu directement et un objet vu par réflexion. Lorsque le buste ayant cédé la place à la personne vivante cesse par conséquent d'être éclairé, on le remplace par la tête de mort qui ne deviendra visible que lorsqu'on l'éclairera à son tour c'est-à-dire lorsque le sujet vivant aura lui-même disparu.

LE DÉCAPITÉ PARLANT

Bien que ce truc soit un des plus connus, nous n'avons pas cru inutile de le décrire ici parce que c'est l'application la plus simple du jeu des glaces; il ne nécessite pour ainsi dire aucune installation spéciale et peut être facilement réalisé par tout le monde. Notons d'ailleurs qu'il obtint, lorsqu'il fut pour la première fois donné à Paris en 1865, un très grand succès de curiosité et si, aujourd'hui, peu de personnes ignorent que cette illusion repose sur une combinaison de glaces, peu de personnes, par contre seraient à même de dire en quoi consiste exactement cette combinaison.

Au milieu d'une salle tendue uniformément d'une draperie unie se trouve une table du centre de laquelle émerge une tête humaine qui parle et rit en

dépit de sa séparation apparente du reste du corps.
L'idée qui vient naturellement à l'esprit, c'est que
le reste du corps est dissimulé sous la table; mais la
draperie du fond visible à travers les pieds de la
table écarte cette supposition. Nous le répétons,

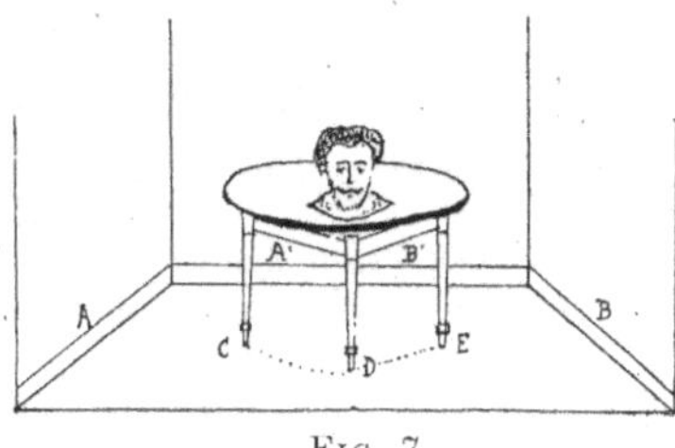

Fig. 7

quelque banale que semble aujourd'hui l'expérience,
l'effet produit est très considérable sur quelqu'un
non prévenu, d'autant plus qu'il n'y a aucune mise
en scène, aucun accessoire.

Le truc est fort simple : entre les pieds C et D et
entre les pieds D et E se trouve une glace étamée ;
ces deux glaces sont engagées respectivement dans
des rainures ménagées à cet effet dans les trois pieds
de la table ce qui, par conséquent, n'altère en rien la
forme de ces pieds ; elles sont à angle droit l'une

par rapport à l'autre et font respectivement avec les deux côtés A et B de la salle un angle d'environ 45°. Elles réfléchissent donc les côtés, de façon que les spectateurs croient voir en A' B' le bas de la paroi du fond tandis qu'ils ne voient en réalité que l'image réfléchie de A et de B. Comme la tenture est unie et de couleur uniforme l'illusion est absolue pour l'œil et l'existence des glaces impossible à soupçonner. Quant au corps de l'acteur, il est bien entendu, tout simplement dissimulé derrière les glaces.

LA CRÉMATION

Voici un spectacle, quelque peu sinistre, dérivé du décapité parlant, mais avec une mise en scène plus compliquée et une issue assez impressionnante facile d'ailleurs à modifier.

Sur la scène se trouve un réduit formé par un grand paravent pliant. Au centre une table sur laquelle est montée une jeune dame. C'est la victime. Au-dessus d'elle se trouve un écran cylindrique en étoffe, sorte de sac à coulisses, mais ouvert des deux bouts. On fait descendre l'écran jusque sur la table, de façon à dissimuler complètement le sujet. La table semble avoir quatre pieds et des bougies que l'on aperçoit entre les pieds indiquen t que le dessous est vide. (Fig. 8.) On a fait constater auparavant que l'écran cylindrique n'a ni fente ni ouverture, si ce n'est celle du haut et celle du b as, et

que le paravent ne peut offrir aucune espèce d'issue.
La victime étant donc recouverte de son écran, un

Fig. 8

coup de pistolet se fait entendre : c'est le signal de
la crémation ; au bout de quelques instants les

flammes et la fumée s'échappent par le haut du
cylindre, le personnage doit donc être en pleine

FIG. 9

combustion... (Fig. 9.) quand le feu s'est éteint, on
relève l'écran cylindrique et l'assistance terrifiée

constate qu'il ne reste plus rien sur la table sauf quelques ossements et un crâne! Une observation attentive ne révèle aucune issue par où la jeune femme ait pu s'échapper, mais comme d'autre part il semble difficile que l'on puisse chaque soir incinérer réellement

FIG. 10

une victime nouvelle, on conclut à un truc habilement exécuté.

En résumé, ce n'est, comme nous l'avons dit, qu'une adaptation toute moderne du truc du déca-

pité parlant et de nombre d'autres, basés sur l'emploi
des miroirs plans.

La table n'a que deux pieds, les deux autres

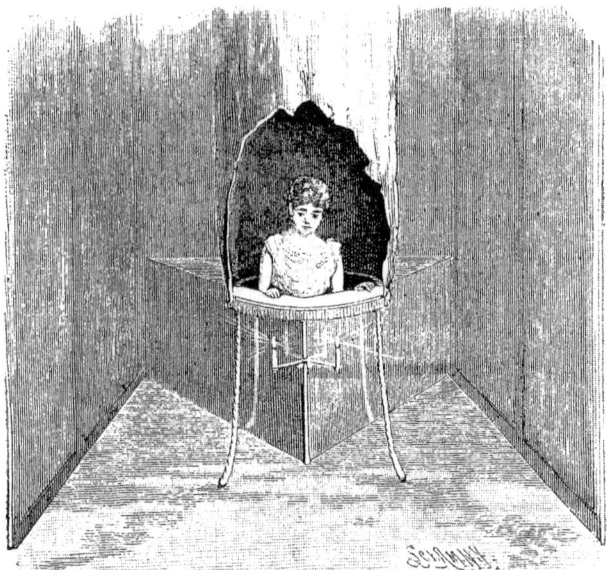

FIG. 11

ne sont que des images réfléchies; le support
central où se branchent les quatre bougies n'en
porte en réalité que deux, les deux autres sont
également vues par réflexion. Sous la table, et con-

vergeant au support sont arrangés deux miroirs plans faisant entre eux un angle de 90° et un angle de 45° avec les panneaux latéraux du journal. Par suite, les panneaux latéraux qui sont de la même couleur que celui du fond, sont réfléchis dans le miroir et semblent être la continuation de ce dernier. La case triangulaire dont les deux miroirs forment deux côtés a un sommet composé en partie du plateau de la table et en partie d'une section de miroir pour réfléchir le panneau du fond, ou d'un tapis de la même couleur. (Fig. 11)

Le fonctionnement est maintenant facile à comprendre. Aussitôt que la dame est recouverte de son écran elle s'échappe par la trappe qui forme le plateau de la table, puis dispose sur le bord de celle-ci les ossements et des feux de bengale ; au coup de pistolet, elle enflammé ces derniers; il ne lui reste plus qu'a disparaître tout à fait, en rabattant la plaque par dessus sa tête.

LE BUSTE AÉRIEN

L'illusion du buste aérien peut être également

Fig. 12

assimilée à celle du décapité, mais elle se réalise différemment; elle est, en outre, d'une exécution beaucoup plus onéreuse et peu à la portée d'un simple amateur.

Notre illustration (fig. 12) représente l'aspect extérieur de l'expérience dont nous donnons l'explication en coupe (fig. 13) A B C D est la scène. Du sommet B du fond de la scène part une glace B C qui se termine au plancher en faisant avec lui un angle de 45°. Au centre de cette glace on a ménagé une ouverture par laquelle le sujet placé sur la scène et par conséquent dissimulé par la glace aux regards des assistants passe la tête et le buste que l'on arrange au moyen de draperies pour dissimuler l'ouverture.

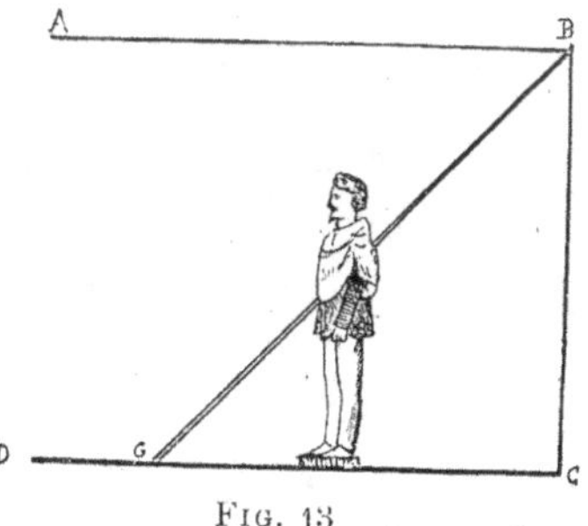

FIG. 13

La glace et le buste sont fortement éclairés du sol et du plafond. Les spectateurs voient donc le buste, et, dans la glace dont ils ne peuvent soupçonner la présence, l'image réfléchie du plafond. Or, comme le plafond est tapissé de la même façon que les deux côtés de la salle, son image semble être celle du fond de la salle, et, comme elle apparaît aux spectateurs à une distance égale à celle de la glace au plafond son plan se trouve bien en arrière de celui du buste qui semble ainsi réellement planer dans l'espace. Ajoutons que l'on peut faire causer le buste et lui faire tenir la conversation que bon semblera

L'ARMOIRE MYSTÉRIEUSE

On peut rapprocher des illusions précédentes celle de l'armoire mystérieuse, bien que celle-ci affecte une forme toute différente.

Le truc consiste à enfermer une dame dans une armoire, à fermer celle-ci, à faire constater au public que l'armoire ne présente aucune issue, à faire pour cela, au besoin, surveiller l'armoire par un spectateur, puis à rouvrir les portes ; la dame a alors disparu, ou elle se trouve remplacée par un homme. Si c'est un homme que l'on a fait entrer dans l'armoire on- peut réciproquement lui substituer une dame.

La chose se réalise de façon fort simple. L'armoire a la forme d'une grande armoire normande, mais elle est montée sur pieds assez élevés pour permettre d'apercevoir le plancher de la scène, et munie de roulettes pour être montrée à l'assistance sous toutes ses faces; à la partie supérieure, une simple tablette horizontale comme toute armoire honnête peut en posséder une.

Un monsieur y prend place on en ferme les portes; une minute après on les ouvre, l'armoire est vide, ou bien le monsieur a été remplacé par une dame.

Là encore, c'est une glace qui permet d'accomplir le truc. Cette glace part du fond supérieur de l'armoire et aboutit sur la tablette en faisant avec celle-ci un angle de 45°; la glace montée à charnières par le fond, peut se rabattre exactement sur le sommet de l'armoire et le bandeau du haut la dissimule à l'assistance. C'est cette position qu'elle occupe lorsqu'il s'agit simplement d'escamoter le monsieur dont nous avons parlé. Celui-ci entre, on l'enferme; il grimpe sur la tablette, s'y couche et rabat la glace sur lui; il se trouve ainsi complètement dissimulé ; d'autre part, la glace reflétant le plafond renvoie son image aux spectateurs qui s'imaginent voir le fond de l'armoire et l'illusion est absolue.

S'il s'agit d'escamoter le monsieur et de lui substituer une dame, on fait installer à l'avance celle-ci sur la tablette et l'on baisse la glace sur elle. C'est alors qu'on lève le rideau; le monsieur entre et quand on a fermé les portes sur lui il change de position avec sa partenaire. Cette disposition a l'inconvénient

de faire supposer au public qu'il n'y a là qu'un simple changement de costume de l'opérateur qui est
entré dans l'armoire ; il est donc utile d'avoir, auparavant, présenté les deux sujets ensemble sur la
scène. De plus l'ascension sur la planche et la descente, exigent chez les opérateurs une certaine sou-
plesse.

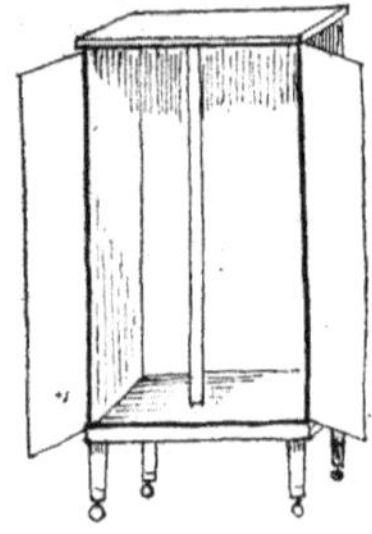

Fig. 14

Ce truc s'exécute plus facilement au moyen d'un
autre dispositif qui est exactement celui du décapité
parlant. On emploie l'armoire comme ci-dessus, mais
au lieu d'une tablette transversale, elle possède
presque à l'avant, un montant vertical dans toute sa
hauteur. De chacun des angles du fond de l'armoire
part une glace à charnières qui en venant s'appuyer
sur le montant forme avec celui-ci un angle de 45°.
Ces deux glaces ainsi posées forment dans l'armoire
une case dans laquelle une personne peut se dissimuler ; par suite de leur position, elles renvoient
aux spectateurs l'image des côtés de l'armoire et

ceux-ci ne peuvent supposer l'existence des glaces croient voir, en cette image, le fond de l'armoire. Il faut, bien entendu, que côtés et fond de l'armoire de même que le revers des glaces soient tapissés d'un papier uniforme.

Lorsqu'on présente l'armoire au public, elle est réellement vide et les glaces sont rabattues contre les côtés avec lesquels elles se confondent; le sujet entre, et quand on a fermé les portes sur lui, il se place entre les deux glaces, les tire à lui, et les applique sur le montant; on peut alors rouvrir les

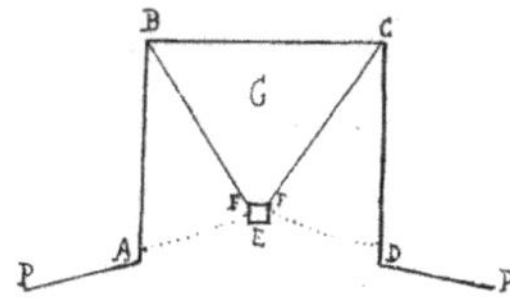

FIG. 15

portes, il a réellement disparu aux yeux de l'assistance.

Nous donnons fig. (14) une vue de l'armoire en perspective et fig. (15) une coupe horizontale montrant la disposition intérieure : AB et CD les parois, BC le fond, AP, DP les deux portes, E le montant, BF et CF les deux glaces en position pour le truc et renvoyant aux spectateurs l'image des côtés qu'ils prennent pour celle du fond, c'est dans l'espace BFC que se dissimule le sujet lorsqu'on ouvre l'armoire pour faire constater sa disparition.

LES GUÉRITES FANTASTIQUES

C'est le titre d'une allusion toute nouvelle donnée sur leur théâtre par les frères Isola. Ce n'est en somme que l'armoire mystérieuse présentée de façon plus amusante et avec un chassé croisé d'apparitions et de disparitions qui en étourdisssant les spectateurs rend le truc beaucoup plus difficile à élucider.

Au lever du rideau, on voit sur la scène deux guérites que nous désignons par A et B. L'opérateur les fait visiter ou plutôt fait visiter l'une, celle dénommée A, entre un bâton à l'intérieur, s'y place lui-même pour montrer qu'elle est parfaitement vide ; cette vérification ne se fait pas sur la guérite B, nous verrons plus tard pourquoi.

Ceci fait l'expérience commence.

On fait arriver sur la scène un pierrot, la figure couverte d'un masque on le fait entrer dans la gué-rite A, puis on ferme chaque guérite par un rideau qu'elle porte à l'avant, une deux trois... on ouvre A, elle est vide, on ouvre B, il en sort le Pierrot qui était en A.

On amène alors sur la scène un grand panier en osier, panier à couvercle absolument quelconque. On y fait entrer le Pierrot qui vient de sortir de la guérite B ; on ferme ce panier et on l'entoure de cordes solides pour prévenir toute invasion ou introduction possibles, il reste d'ailleurs toujours visible et on ne le dissimule par aucun voile ou paravent.

Ceci fait, arrive sur la scène un autre aide costumé en singe que l'on fait entrer dans la guérite B, dont on referme le rideau ainsi que celui de A. Une minute de conversation pour donner au mystère le temps de s'accomplir, on débarrasse le panier de ses cordes et l'on enlève le couvercle, pendant que l'on ouvre simultanément les deux guérites.

Chose stupéfiante ! La guérite B est maintenant vide, le singe qui y était enfermé a disparu et se trouve dans le panier, le pierrot du panier a par contre, disparu de celui-ci et sort de la guérite A vide au commencement du tour !

On voit que comme chassé croisé ce tour est assez réussi et il se fait avec une rapidité telle que le public dont l'attention est portée de tous côtés à la fois ne peut guère s'expliquer le procédé suivi.

C'est en réalité fort simple comme on va le voir.

Les deux guérites sont contruites exactement comme l'armoire mystérieuse, nous n'avons donc pas besoin de les décrire.

Trois aides sont nécessaires. Au début de l'expérience la guérite A, celle que l'on fait examiner est réellement vide c'est-à-dire que ces deux glaces sont rabattues contre les parois de côtés et la personne qui la visite n'y peut rien constater d'anormal ; on place le montant auquel on assigne une utilité supposée pour dissimuler sa destination véritable, la guérite B, renferme un secondaide habillé en Pierrot exactement comme le premier et portant un masque semblable de telle sorte qu'il sera impossible de les distinguer l'un de l'autre, mais ce second pierrot est naturellement dissimulé par les deux glaces qui sont rabattues sur lui et par conséquent il est invisible pour l'assistance qui croit voir le fond de la guérite. C'est pourquoi comme nous l'avons dit plus haut, l'opérateur a soin de ne faire exactement examiner que la guérite A.

La première partie de l'illusion est dès lors facile à comprendre ; aussitôt que les rideaux des deux guérites sont tirés, le pierrot A, referme vivement sur lui les glaces, tandis que le Pierrot B, les rabat sur les parois de sa guérite ; lorsque l'on ouvre les rideaux, le le premier est donc devenu invisible et le second visible, et comme pour les spectateurs il n'y a qu'un seul Pierrot, celui qu'ils ont vu enfermer en A, ils en concluent qu'il a trouvé le moyen de passer en B.

Quant à la seconde partie, elle nécessite l'emploi du troisième aide, celui que l'on a costumé en singe. Nous avons vu que le Pierrot de la guérite B, entre dans le panier où on l'enferme ; le singe entre en B dont on ferme les rideaux ainsi que ceux de A, qui semble vide. Le Pierrot enfermé dans le panier porte sous son costume blanc un costume de singe identique à celui de l'aide qui vient d'entrer en B ; il enlève vivement son costume et son masque de Pierrot qu'il dissimule dans un coin du panier, met un masque de singe et lorsqu'il sortira, il sera pour tout le monde le singe qui tout à l'heure était entré en B. On peut alors ouvrir les guérites en même temps que le panier ; le singe de B a tiré les glaces sur lui et la guérite semble vide ; les spectateurs voyant un singe sortir du panier pensent qu'il a réussi à passer de la guérite dans le panier et le Pierrot, qui vu, dans la première partie de l'expérience était entré dans la guérite A et s'y était dissimulé en tirant les glaces sur lui, sortant de cette guérite, paraît aux spectateurs être le Pierrot que l'on venait quelques instants avant de boucler si soigneusement dans le panier.

ESCAMOTAGE D'UNE DAME AU TRAVERS
D'UN MIROIR

L'illusion que nous allons décrire ci-après, est incontestablement une des plus originales qui aient jamais été exécutées et une de celles qui déroutent le plus la perspicacité des spectateurs. Bien que basée, comme on le verra, sur un jeu de glaces, elle ne procède pas des trucs précédemment employés. La méthode suivie est remarquablement ingénieuse.

Un grand miroir à pied élégamment encadré est roulé sur la scène. Le bas de la glace arrive à environ 60 centimètres du sol, de sorte que chacun peut voir par dessous. La seule particularité qu'un observateur minutieux pourrait remarquer c'est qu'un large panneau prolonge le haut du cadre dans toute sa largeur et qu'une barre traverse la glace à sa partie inférieure.

Le panneau est ostensiblement placé pour produire un effet artistique; en réalité il est essentiel à l'illusion.

La barre horizontale a pour objet de soutenir par

FIG. 16

l'adjonction de deux potences une glace horizontale sur laquelle se pose le sujet; elle est aussi indispensable à l'illusion. (Fig. 16.)

Les potences sont fixées une de chaque côté du
cadre au niveau de la pièce transversale. Des

FIG. 17

rideaux sont supportés par des tringles placées de
chaque coté de la glace et sur le même plan. Une
barre de fer relie entre elles l'extrémité des deux potences, c'est sur cette barre et sur la traverse horizontale dont nous avons parlé plus haut que l'on

pose une tablette de glace épaisse. Pour les assistants le rôle de cette traverse se trouve ainsi expli-
qué, mais ce n'est pas sa fonction réelle. Une dame
monte sur la tablette au moyen d'un marchepied.
Elle se tourne d'abord vers la glace comme pour s'y
regarder puis fait face à l'auditoire et se tourne à
nouveau vers la glace. Ceci fait une sorte de jeu
muet, et permet à la dame de tourner le dos à l'assistance, ce qui est nécessaire à l'opération. On l'entoure
alors d'un paravent, lequel est assez étroit pour qu'on
puisse encore voir de chaque côté une partie du miroir. On attend quelques instants puis l'écran est
retiré et la dame a disparu. On complète la mystification en retournant le miroir ce qui démontre à
tout le monde que le sujet ne peut être dissimulé
derrière.

Deux de nos gravures montrent le tour tel qu'il est
vu par l'assistance ; la troisième donne l'explication.
Le miroir est en réalité en deux morceaux. La traverse horizontale, insignifiante en apparence, dissimule le haut du morceau inférieur. Le grand morceau supérieur est placé exactement *derrière* le premier, mais au lieu de se terminer au morceau inférieur il occupe toute la hauteur du cadre dans lequel
on peut le faire coulisser de bas en haut au moyen
de contrepoids.

Lorsqu'on le fera monter, sa partie supérieure
glissera derrière le grand panneau qui forme le haut

du cadre et par conséquent son ascension sera invisible pour les spectateurs.

FIG. 18

Cela suffirait à la rigueur à accomplir le truc,
puisque par le fait de l'ascension de la glace supé-

rieure, il se trouve entre celle-ci et la glace inférieure une ouverture par où le sujet peut s'échapper.
Mais il faudrait pour cela, que le miroir fût dissimulé
par le paravent sur toute sa longueur. Or, nous
avons vu que ce paravent ne cachait que la partie
centrale du miroir et laissait visible une bande verticale de chaque côté. Il a donc fallu modifier un peu
cette disposition, et voici comment : la partie du miroir supérieur, qui se trouve *cachée* par le miroir inférieur, porte au centre une échancrure rectangulaire un peu moins large que le paravent, et juste
assez grande pour laisser passer la dame. Il n'y a
plus pour comprendre l'opération qu'à se reporter à
la figure. Lorsqu'on l'apporte sur la scène, le grand
miroir est baissé, c'est-à-dire, que sa partie inférieure
dans laquelle se trouve ménagée l'ouverture rectangulaire dont nous venons de parler, est recouverte
par le petit miroir, de sorte que cette ouverture est
complètement dissimulée pour l'assistance. Quand la
tablette est mise en place, la dame s'y installe, puis
on la dissimule au moyen du paravent; à l'aide de
contre-poids on fait monter le miroir échancré dans
sa coulisse, comme une fenêtre à guillotine, et l'é-
chancrure se dégage. Nous avons vu que le paravent est juste assez large pour la dissimuler, le fait
que le miroir est visible de chaque côté du paravent
empêche de chercher le truc de ce côté.

Du fond de la scène, on jette une traverse en plan

incliné, qui va rejoindre l'envers du miroir à l'endroit de son échancrure, la dame rampe par cette échancrure sur la plate-forme, d'où l'aide la fait glisser derrière la scène, il retire ensuite vivement la traverse, rabaisse le miroir supérieur, et, le paravent enlevé, l'assistance constate la disparition de la dame. Ce qui contribue pour beaucoup à l'illusion, c'est que le miroir reste visible latéralement pendant toute la durée de l'opération. Le sujet doit passer à travers l'échancrure les pieds en avant et sa position face au miroir rend son évasion plus facile. (Fig. 18.)

L'ILLUSION DE TRILBY

Voici une autre illusion qui consiste à faire tenir une personne dans l'espace sans support apparent. On peut la rapprocher du buste flottant dont nous avons parlé précédemment, mais on procède par des moyens complètement différents.

Dans cette expérience, l'hypnotisme est censé jouer le principal rôle, car les opérateurs prétendent en général, répéter les expériences de fakirisme qui ont tant intrigué le monde savant; en réalité, ce n'est qu'un truc mécanique, comme nous allons l'expliquer.

Une planche est soutenue sur le dossier de deux chaises.

La dame qui fait l'expérience, « Trilby » ainsi que l'a surnommée l'illusionniste américain auquel nous devons cette expérience, entre, et montant sur un tabouret se couche sur la planche. Elle tient dans la main un bouquet auquel, sans que puisse s'en douter l'assistance, un rôle est assigné. L'opérateur passant tout autour de la planche, arrange soigneusement les plis de la robe. Puis il simule quelques passes magnétiques et enlève d'abord l'une, puis

Fig. 19

l'autre chaise et cependant la planche et Trilby restent suspendues en l'air sans le moindre soutien (du moins en apparence). En réponse aux passes magnétiques de l'opérateur, Trilby se soulève, prend la position inclinée puis se remet horizontalement.

Finalement les chaises sont replacées ; la dame est censée se réveiller sous l'action de nouvelles passes magnétiques, descend, les chaises et la planche sont enlevées et le tour est joué.

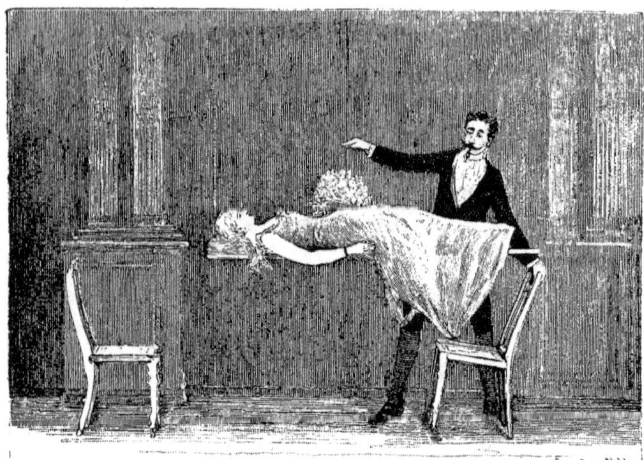

Fig. 20

Les figures 19 et 20 font voir les détails de l'opération tels qu'ils sont perçus par l'assistance. La figure 21 explique le mécanisme. Derrière la scène est une forte charpente sur laquelle un chariot à glissières peut se mouvoir de bas en haut au moyen de poulies disposées à cet effet. Cette manipulation est confiée à un mécanicien placé derrière la scène; une barre de fer terminée à l'arrière par une manivelle et à avant par une douille (que l'on voit dessinée séparément dans l'angle supérieur droit de la figure est tourillonnée dans le chariot et peut être ainsi avancée ou retirée à volonté.

Une fois Trilby couchée sur sa planche, la barre est poussée en avant, jusque-là sa douille était restée dissimulée par la draperie du fond. C'est maintenant Trilby et son bouquet qui la dissimulent effectivement, car elle émerge de derrière les rideaux du fond. Et tandis que l'opérateur semble arranger minutieusement les plis de la robe, il guide la douille et l'engage sur la planche. L'aide placé derrière la scène, manœuvre les poulies et la manivelle, de sorte que Trilby et son support se soulèvent et quittent successivement le dossier de chaque chaise. Celles-ci sont enlevées et Trilby semble flotter dans l'air Grâce aux manivelles, on peut l'incliner et la balancer. ce qui produit un fort gracieux effet. Finalement les chaises sont replacées et le mécanicien fait redescendre Trilby jusque sur leurs dossiers. Pendant que l'opérateur reprend ses passes magnétiques sous prétexte de la réveiller, la douille est détachée et la barre retirée. Un observateur attentif pourrait remarquer un léger mouvement dans le rideau du fond lorsque l'on place la barre et lorsqu'on la rentre, mais l'attention de l'assistance est en général tellement concentrée sur l'opération elle-même que ce petit mouvement passe invariablement inaperçu.

Comme on le voit l'opérateur peut faire complètement le tour de la dame, mais seulement avant que la barre soit placée ou après qu'elle a été retirée. Quand la barre est en place, il ne peut que se promener derrière sans faire entièrement le tour.

Lorsque la planche est libre, l'opérateur la laisse retomber sur le plancher, cette chute accompagnée d'un bruit violent montre qu'il n'y a aucune supercherie dans cette partie du truc.

LE MIRACLE DU BRAHMINE

Le miracle du Brahmine représenté tout dernière-
ment au théâtre Robert Houdin est identiquement le
même truc que celui de Trilby. A cette différence
près que la jeune dame est remplacée par un jeune
homme que l'on revêt d'un costume hindou très cha-
marré. La marche de l'opération es la même, mêmes
passes magnétiques, même façon de draper le personnage, etc, Seulement le point d'attache n'est pas
comme dans le cas précédent une barre de fer partant du fond du théâtre, car le prestidigateur circule
à tout moment de l'expérience, autour du brahmine
et fait manœuvrer en tous sens, dessus dessous et
tout autour du sujet, un long bâton, pour montrer
que ce bâton ne rencontre pas d'obstacle. Le
point d'attache se trouve des deux côtés du théâtre,
à la tête et aux pieds du sujet, par conséquent et

est simplement dissimulé par deux panneaux latéraux. On le constate du reste facilement, l'opérateur
pour faire son circuit complet étant obligé de
passer derrière ces panneaux qui ne sont placés là
que pour les besoins de l'expérience.

Ajoutons que le brahmine se tient dans une position fixe au lieu de se déplacer comme dans l'illusion
de Tribly; le mécanisme se trouve ainsi considéra-
blement simplifié, puisqu'il ne s'agit plus que d'avoir
deux supports fixes de chaque côté de la scène.

LA TRANSMISSION DE PENSÉES

Nous n'avons nullement l'intention d'étudier ici les exercices de transmission de pensée, de suggestion, etc., si à la mode aujourd'hui, mais de raconter un exercice que nous avons vu exécuter à Paris en public, sur une petite scène, et qui semble réellement inexplicable à la plupart des spectateurs.

Sur la scène, deux personnages : le médium et son sujet. On bande les yeux à ce dernier au moyen d'un foulard quelconque, et pour que le public ait une certitude de plus qu'il lui sera impossible de voir quoi que ce soit, on lui recouvre par surcroît la tête d'une sorte de sac en molleton très épais. Ceci fait et pour enlever l'idée de toute communication possible avec un compère, le sujet est placé au milieu de la salle, parmi les spectateurs. Puis on passe à l'opération suivante : on fait circuler dans la salle un livre, en général, de très abondante matière, un almanach Didot-Bottin, par exemple; rappelons, ce que personne n'ignore, d'ailleurs, que ce volume renferme environ 3,000 pages et chaque page un nombre de lignes variant selon la matière entre 500 et 2,000 environ. On prie un des spectateurs de choisir une page quelconque du Bottin, et une colonne et une ligne quelconques de cette page, et de les désigner à haute voix par leur numéro. Supposons, pour fixer les idées que le spectateur ait choisi la page 575, colonne 4, ligne 38, il énonce donc à haute voix ces trois chiffres. Le médium est resté sur la scène et n'a pas pris connaissance de la ligne qu'il s'agit de faire lire par le sujet. Il se contente de répéter au sujet le numéro de la page de la colonne et de la ligne. N'oublions pas que celui-ci est au milieu de la salle tournant le dos à la scène et les yeux fortement bandés : après quelques instants d'un travail cérébral assez violent à en juger par la mimique qui l'accompagne, le sujet dit à voix haute et saccadée ce qui est imprimé sur la ligne en question. L'expérience se répète aussi souvent qu'on le désire et avec un égal succès.

Il faut écarter l'idée d'un compère dans la salle, car n'importe qui peut demander à choisir une ligne. Il semble donc absolument stupéfiant que l'on puisse deviner une ligne choisie au hasard dans un volume de 3,000 pages. D'autre part, le médium fait

modestement remarquer que son sujet ne saurait
avoir appris le Bottin par cœur étant donnée l'importance de cette publication, que, par conséquent,
il n'y a pas là un effort de mémoire, mais une transmission de pensée de la personne qui a lu mentale-
ment la ligne à celle qui la devine, ou mieux, un
phénomène de double vue de la part de celle-ci.

Evidemment cet exercice n'est qu'un truc, mais ad-
mirablement présenté, il faut bien le reconnaître.
Voici, selon nous, comment les choses se passent :

La salle dans laquelle on opère est entièrement
machinée, c'est-à-dire qu'à différents endroits du sol,
il y a des trappes, coulisses, etc. Le sujet est conduit
dans la salle, à un endroit indifférent en apparence,
mais le seul logique, puisque c'est dans l'allée du
milieu qui sert de passage aux spectateurs. Nous avons
vu qu'il a un foulard sur les yeux et que le médium
lui met par surcroît un sac qui lui couvre entièrement la tête, sac que l'on a montré préalablement aux
spectateurs. Or, ces précautions sont absolument su-
perflues puisque le sujet tourne le dos à la personne
qui choisit une ligne; si elles sont inutiles pour écarter l'idée de supercherie, c'est qu'elles sont indispensables à l'accomplissement du truc lui-même.

Adroitement, en effet, au moment où le médium
pose le sac sur la tête du sujet, il lui glisse sur
l'oreille un récepteur de téléphone que le sac lui-
même va maintenir fortement appliqué contre

l'oreille. Ce téléphone s'accroche au moyen d'une boucle à un fil qui passe sous les vêtements du sujet, lequel fil est relié lui-même à un autre qui sort du parquet à l'endroit où le sujet s'est placé; puis, ce dernier fil, courant sous la salle, est relié à un second poste téléphonique placé derrière la scène. Dès lors, lorsque la personne qui a choisi une ligne dit à haute voix; page 575, colonne 4, ligne 38; l'aide qui est placé au téléphone et qui a entendu sans difficulté, cherche vivement les page, colonne et ligne en question sur un exemplaire du même ouvrage qu'il a entre les mains et lit cette ligne dans le pavillon de son poste téléphonique, le sujet n'a qu'à répéter ce qu'il entend, en simulant, pour la forme, de violents efforts de conception. Quant à l'auditoire il ne peut percevoir la communication téléphonique, parce que le poste de l'aide est placé dans un endroit bien clos et qu'il n'élève.la voix que fort peu, et que, d'autre part, le capuchon placé sur la tête du sujet, en même temps qu'il dissimule le récepteur étouffe toute vibration extérieure qui pourrait être entendue par des spectateurs placés à côté. Cette façon de faire est, comme on le voit, fort simple ; c'est sans doute à cause de cela qu'elle échappe invariablement à l'auditoire d'ailleurs beaucoup plus attentif, en général, à voir ce qui va se passer qu'à en chercher l'explication. L'expérience est faite avec une dizaine de personnes qui restent toujours stupéfaites de l'habileté du médium et de son sujet.

Il suffirait pourtant, pour mettre l'un et l'autre dans l'embarras, de tirer un livre quelconque de sa poche et de demander que l'expérience se fasse avec ce livre au lieu du Bottin ou d'une autre publication préparée d'avance. Mais ce serait inutile et cruel, étant donné surtout que cette expérience n'est présentée que comme un truc et non comme une véritable expérience de suggestion.

L'opération terminée, le capuchon est enlevé, après que le récepteur téléphonique a été adroitement escamoté par le médium ou son sujet.

Le procédé que nous venons de décrire peut subir des variantes, et même nous ne prétendons pas que l'expérience à laquelle nous avons assisté se soit exactement faite ainsi; nous avons voulu indiquer comment elle peut se faire et démontrer surtout qu'il n'y a pas de mérite scientifique à concéder à ce qui n'est qu'un tour de passe-passe adroitement exécuté.

Si nous insistons sur cette conclusion, c'est que nous avons vu la presque totalité des assistants prendre la chose au sérieux et partir convaincus qu'il existe un sujet assez lucide pour réciter au commandement, et sans les voir, des lignes, des colonnes ou au besoin des pages de l'almanach Didot-Bottin ou du Tout-Paris.

APRÈS LE DÉLUGE

. Avec l'expérience dont nous allons parler, et les trois suivantes, nous entrons dans la catégorie des trucs basés sur l'emploi des boîtes à fonds ou parois mobiles; le principe est presque invariablement le même, la mise en scène et les personnages diffèrent seuls, selon la fantaisie de l'impressario. Nous examinerons d'abord « Après le déluge » représenté il y a deux ans à l'Olympia de New-York, avec un énorme succès.

Le rideau se lève et montre sur la scène, comme pour une représentation de l'arche de Noé une boîte rectangulaire avec deux appendices latéraux recourbés en forme de poupe, ce qui donne à l'ensemble l'aspect d'un bateau. Le tout repose sur deux tréteaux. La figure 21 montre l'aspect extérieur de l'arche. L'opérateur l'ouvre de partout, rabattant

FIG. 21.

les côtés, l'avant, la paroi du fond et soulève le couvercle comme le montre la figure Un observateur
scrupuleux remarquera que la paroi du fond est

FIG. 22.

Fig. 23

rabattue en premier avec l'assistance de l'aide, ce dont nous verrons tout à l'heure la raison.

Le squelette ou cadre de l'arche est entièrement exposé, et chacun peut se convaincre qu'il est vide. On le referme alors, mais cette fois c'est la paroi du fond que l'on replace en dernier et tout est prêt pour le déluge.

Fig. 24.

Ce déluge est représenté par de l'eau que l'on verse à volonté dans un tuyau qui débouche à la partie supérieure. Pour l'assistance nul doute que l'arche ne soit entièrement remplie d'eau. En réalité l'eau est conduite simplement dans un autre tuyau disposé à l'intérieur d'une jambe d'un tréteau et se rend dans un réservoir placé sous la scène. L'accomplissement du déluge est indiqué dans la figure 22. Après le déluge on n'a plus qu'à attendre la sortie des animaux de l'arche.

On ouvre les fenêtres disposées dans la paroi d'avant (fig. 23) et l'opérateur extrait de l'arche nombre d'animaux : canards, poulets, pigeons, chats. chiens et jusqu'à un cochon sont retirés et gambadent sur la scène ou voltigent çà et là et l'assistance s'émerveille de voir comment un espace aussi restreint peut contenir une pareille collection. Il faut aussi remarquer qu'aucun des animaux n'est mouillé, comme si le déluge ne les avait pas atteints. Mais il y a mieux, car l'opérateur rabattant alors la façade on voit apparaître dans l'arche, gracieusement inclinée, une dame en somptueux costume et qui semble d'ailleurs fort à l'étroit dans son logis (fig. 24). D'où viennent les animaux, et comment, de même que la dame se trouvent-ils dans l'arche qui lorsqu'elle a été ouverte devant l'assistance semblait absolument vide ? Comment ont-ils échappé au déluge. Voilà le mystère à expliquer.

C'est ce que fait la fig. 25. Les côtés qui basculent de bas en haut dans l'exhibition préliminaire de l'arche sont les receptacles des animaux. Ils y sont arrimés se rabattent et se redressent en même temps

et sont extraits par des ouvertures ménagées à cet
effet.

Quant à l'autre habitant, la dame, elle est liée par
avance sur la paroi du fond. Quand on ouvre l'arche
pour l'inspection, ce couvercle est rabattu ostensiblement pour permettre à l'assistance de voir au travers
de l'arche, mais en réalité c'est simplement pour

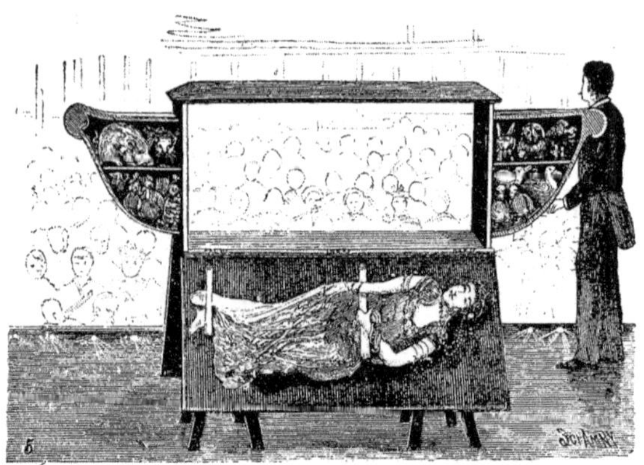

Fig. 25.

l'empêcher de découvrir le truc. Car, comme nous
l'avons constaté, on rabat le fond *avant la façade* et
comme il se rabat, la dame disparaît en même temps,
y restant attachée sans pouvoir être aperçue par les
spectateurs qui ne voient que le côté *extérieur* de la
paroi lorsque celle-ci est rabattue. La figure 25

montre la vue de l'arche en arrière lorsqu'elle est ouverte avec la dame placée sur le panneau d'arrière et montre également les animaux en place dans les compartiments de côté.

LE MYSTÈRE DE MEMPHIS

Ceci est une expérience d'hier représentée au théâtre Robert Houdin. Comme nous le verrons, si la mise en scène est différente, le procédé est rigoureusement identique. Au lever du rideau, on voit, posée sur deux tréteaux, une grande boîte à couvercle représentant explique-t-on un sarcophage et décorée en bleu et or de sujets égyptiens. Le prestidigitateur explique qu'il a retrouvé la momie de Cléopâtre et qu'il se propose par des incantations analogues à celles qu'employaient les prêtres égyptiens (?) de la ressusciter. Et il ordonne à son aide de lui apporter la momie de Cléopâtre.

La momie arrive sous forme d'un mannequin de carton du plus réjouissant effet. On l'équipe des pieds à la tête pour en faire une Cléopâtre présentable et on la pose sur un des côtés de la scène. Puis, comme il s'agit de montrer qu'il n'y a aucun truc, il faut faire examiner par le public l'intérieur du sarcophage ; le plus simple serait évidemment de prier quelqu'un de monter sur une chaise et de regarder dans le sarcophage, mais, ce n'est pas ainsi que l'on procède. On fait basculer le sarcophage et on le présente au public, couvercle en avant, on lève ce couvercle qui est à charnières et on fait voir à l'assistance l'intérieur du sarcophage également décoré en style égyptien. Des coups de baguettes donnés sur les parois montrent que celles-ci sont bien en bois et qu'il n'y a ni jeu de tentures ni glaces; on promène d'ailleurs un flambeau à l'intérieur pour permettre la même constatation.

On repose alors le sarcophage sur son fond : deux aides prennent Cléopàtre, l'un par les pieds, l'autre par la tête et la déposent délicatement dans le sarcophage; on baisse la lumière de la rampe, on allume un bol d'alcool qui répand sur la scène des clartés verdàtres du plus sépulcral effet, la musique joue l'air de l'évocation des nonnes de Robert le Diable et le couvercle du sarcophage se soulevant on voit apparaître Cléopàtre en chair et en os, plutôt en chair qu'en os, qui entame avec son évocateur une conversation de circonstance, puis, après quelques minutes, celui-ci lui ordonne de rentrer dans le néant : elle se baisse, se couche dans son logement dont on rabat le couvercle et un instant après les deux aides rabattent le sarcophage comme ils l'avaient fait précédemment lèvent le couvercle et les spectateurs émer-

veillés constatent que Cléopâtre a bel et bien disparu
et le rideau baisse.

Voici l'explication de ce truc : le sarcophage est
simplement à double fond mobile comme le représente la coupe que nous en donnons ci-contre figure
26. Soit A B C D le sarcophage, E son couvercle
monté à charnières au point A. On voit, à l'avant, une
paroi double, celle extérieure B C, celle intérieure

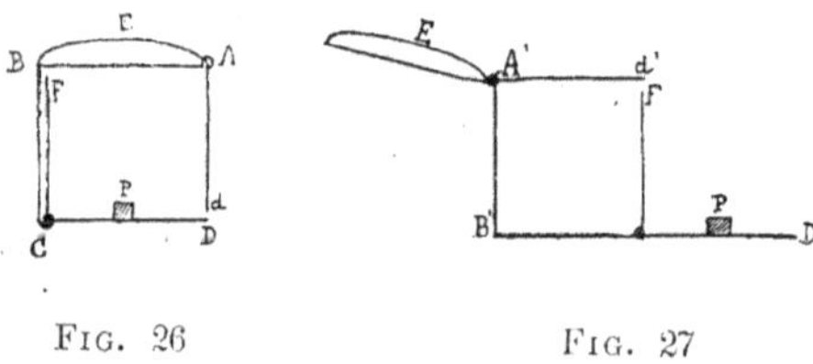

FIG. 26   FIG. 27

F C ; ces deux parois sont indépendantes l'une de
l'autre et se meuvent à charnières au point C. On
remarque d'autre part que les planches F C et C D
sont solidaires l'une de l'autre, mais que C D et
A D ne le sont pas ce que nous indiquons en inter-
rompant un peu avant le point D, en d, la ligne
A D.

La Cléopâtre vivante est couchée sur le fond
C D qui repose sur les tréteaux. Nous la représentons
par le point P. Au lever du rideau, lorsque l'opérateur annonce qu'il va montrer l'intérieur du sarcophage, les aides font basculer celui-ci suivant
l'axe C, le fond C D maintenu par le poids de la per-

sonne placée dessus ne bouge pas, de même que la
paroi F C ; la seule partie mobile est la partie C B E
Ad, qui va se déplacer d'un quart de cercle autour
du point C (fig. 27). Le point B se place en B', A, en
A' et le point d en d'. La paroi F C qui n'a pas bougé
se trouve devenir le fond du sarcophage ; l'on a eu
soin bien entendu de la décorer comme l'extérieur.
Puis on ouvre le couvercle A' E. A ce moment Cléopâtre se trouve à découvert mais dissimulée aux
spectateurs par le faux fond F C. L'assistance étant
bien convaincue qu'il n'y a rien dans le sarcophage
on le remet dans sa position primitive. On invite,
alors, mais alors seulement, un spectateur à faire
le tour de l'appareil pour voir qu'il n'y a rien de suspect. Les aides mettent la Cléopâtre en carton dans
le sarcophage et l'évocation commence ; la vraie
Cléopâtre n'a plus qu'à soulever le couvercle et à
apparaître à l'assistance. Lorsque au bout de quelques minutes, on lui ordonne de rentrer dans le
néant, on n'a qu'à refermer le couvercle et l'on
peut faire instantanément basculer à nouveau le
sarcophage, comme on l'avait fait avant l'évocation,
pour que cette fois ci, comme tout à l'heure, il paraisse vide.

Comme on le voit cette illusion présente beaucoup d'analogie avec la précédente et n'exige pas
comme elle la ligature du sujet sur une paroi et
dans une position difficile à conserver.

LA CAGE D'OR (Énigme Louis XV)

En même temps que l'illusion précédente, on représente au théâtre Robert Houdin un autre truc
que nous allons expliquer pour montrer surtout
quelle variété d'effets l'on peut tirer en prestidigitation d'un même principe.

Il procède plus directement encore du truc de
l'arche. On présente sur la scène une cage d'assez
grandes dimensions aux barreaux dorés et munie
à chaque face de stores à ressort. L'opérateur et ses
aides circulent autour de la cage pour montrer qu'elle
est réellement à jour et font passer en tous sens des
bâtons entre les barreaux pour prouver qu'il n'y a
pas d'effet de glaces. Mais cette cage n'est plus
comme dans le cas précédent posée sur des tréteaux ;
elle repose sur une très grande boîte, peinte de façon
uniforme, boîte sans couvercle de telle sorte qu'elle

apparaît parfaitement vide à l'assistance, nous disons sans couvercle, mais pas sans fond ; ce fond se trouve bien entendu tourné du côté du fond de la scène.

Celui qui exécute ce tour est un jeune garçon fort maigre et d'un poids tel qu'un homme de vigueur ordinaire puisse le soulever facilement; il porte un costume de marquis, habit, culotte et bas de satin, perruque poudrée, la perruque poudrée joue ici un rôle comme cela arrive fort souvent pour des accessoires en apparence insignifiants. On fait placer ce jeune marquis dans la cage qui s'ouvre à la partie supérieure, il s'y couche et on baisse les stores.

L'opérateur explique pendant une minute qu'il va le faire disparaître mais auparavant et pour qu'on ne puisse soupçonnner aucune supercherie, il ordonne aux aides d'enlever le fond de la caisse support, c'est-à-dire la paroi tournée vers le fond de la scène; ceux-ci exécutent cet ordre et placent le fond partie sur la scène, partie dissimulé par la coulisse; un des aides passe alors au travers de la boîte toujours pour démontrer en apparence qu'il n'y a pas de truc de ce côté, puis on ferme la cage et l'opérateur a même soin d'aviser le marquis dont la perruque poudrée dépasse par le haut, de baisser la tête ; il tire immédiatement un coup de pistolet, les stores sont relevés, et, en moins de deux secondes, le marquis dont la perruque dépassait par le haut de la cage a disparu et réapparaît au fond de la salle aux applaudissements de l'assistance fort intriguée.

Comment les choses se sont-elles passées ? Oh de façon bien simple. Lorsque le jeune marquis s'est couché dans la cage et que l'on a baissé les stores, il se débarrasse de sa perruque qu'il accroche, de façon qu'elle reste en saillie et demeure visible pour le public; la présence de cette perruque est, pour l'assis-tance, un signe certain que le marquis est toujours là. La paroi de la cage tournée vers la scène est à charnières à sa partie supérieure, le jeune homme l'écarte, sort de la cage et se pose sur une petite planchette que porte le fond de la boîte-support ; il se maintient d'autre part par une poignée fixée à ce même fond ; c'est à ce moment que le presdigita-teur donne l'ordre d'enlever le fond, ce qui est exé-cuté par un aide ou par les deux. On voit qu'il est nécessaire pour cela de n'opérer qu'avec une per-sonne de faible poids; le fond est posé comme nous l'avons dit, en partie dissimulé par une coulisse; à la faveur de cette coulisse le marquis descend sans être vu et passe derrière la scène où il se munit d'une autre perruque pour se rendre dans le fond de la salle, il a donc complètement disparu alors que l'assistance se le figure toujours dans la cage, grâce à sa perruque qui y est restée accrochée.

La réapparition au fond de la salle d'une personne escamotée sur la scène, est d'ailleurs un truc courramment employé sur les scènes de presdigitation, mais lorsqu'il s'agit d'un homme ou d'une femme au lieu d'un enfant, leur poids rendrait difficile sinon impossible leur escamotage, par le procédé ci-dessus employé, il faut alors les faire sortir simplement par un panneau dissimulé dans le fond de la scène.

LE PANIER INDIEN

Voici un truc déjà fort ancien et qui n'est plus guère exécuté aujourd'hui, du moins sous sa forme primitive, parce qu'il est trop connu, mais dont nous croyons devoir parler parce que beaucoup d'autres trucs à succès, représentés depuis ne sont qu'une transformation de celui-ci. Le «Mystère de Memphis» dont nous venons de parler, repose en particulier sur une disposition matérielle *rigoureusement analogue*.

L'opérateur entre en scène avec un jeune garçon au costume hindou. L'on voit posé sur deux tréteaux un panier osier à couvercle ou à peu près semblable aux paniers à linge si usités aujourd'hui. L'opérateur fait placer le jeune indien dans le panier, dont il referme le couvercle; puis, sous un prétexte quelconque, s'emparant d'une épée, il se met à la passer au tra-

vers du panier, la retire rouge de sang et frappe à
différentes reprises, pendant que sa victime pousse
des cris déchirants au grand effroi, fort compréhensible d'ailleurs, de l'assistance qui trouve, à juste
titre, cette scène trop impressionnante. Heureu-
sement elle dure peu, et le prestidigitateur faisant
basculer le panier, montre à l'assistance qu'il est
parfaitement vide, pendant qu'au même moment, sa
pseudo victime apparaît dans le fond de la salle
pour rassurer les spectateurs sur son compte. Et
pourtant l'épée était bien rouge de sang, et l'enfant
était bien dans le panier, les cris qu'il poussait
n'étaient pas une illusion !

Le panier en osier est truqué, absolument comme
le sarcophage du mystère de Memphis, ou pour res-
pecter la chronologie, c'est celui-ci qui a été fait sur
le modèle de celui-là, la *seule* différence c'est que le
sarcophage est en bois et le panier en osier.

L'enfant est bien dans le panier, et les coups
d'épée sont réels ; mais l'opérateur ne les donne qu'à
des points de repère marqués d'avance, en n'enfon-
çant la lame que très peu du premier coup ; l'enfant
placé dans le panier, de façon à ne pas être atteint, la
dirige ensuite lui-même et la mouille au moyen d'une
éponge imbibée du sang d'un animal quelconque, ou
de couleur rouge ; puis lorsque l'effroi des spectateurs
est suffisant, on fait basculer le panier en avant, on
l'ouvre et l'enfant se trouve dissimulé comme Cléo

pàtre dans le Mystère de Memphis; nous le répétons, la similitude étant absolue, il n'y a qu'à se reporter à la description de cette illusion pour comprendre celle du panier indien.

Seulement nous avons vu que dans la présente expérience, l'enfant reparaît dans le fond de la salle tandis que dans le Mystère de Memphis, Cléopâtre reste purement et simplement derrière son sarco - phage. En réalité, ce n'est pas le même enfant qui reparaît, mais un autre de taille et de costume identiques qui vient du fond de la salle; le public qui n'a guère pu se souvenir des traits du premier s'aperçoit difficilement de la substitution. Si l'on veut pourtant que cette substitution ne puisse être découverte, on modifie la mise en scène de la façon suivante : le jeune hindou, au moment d'être enfermé dans le panier, feint d'être pris de terreur et veut s'échapper, mais on le rattrape dans la coulisse, on le ramène de force sur la scène où on lui bande les yeux. Ceci doit être fait en une ou deux secondes ; en réalité, l'enfant auquel on bande les yeux, n'est pas celui que l'on vient de voir, mais un autre de même taille et de même costume; le bandeau qu'on lui met sur les yeux empêche le public de discerner la différence des traits; c'est donc ce second enfant que l'on enferme dans le panier et qui opère le truc, tandis que celui qui réapparaît dans le fond de la salle est bien réellement celui que le public avait vu au début de l'expérience et dont il reconnaît les traits. Cette illusion a été représentée en Angleterre par le colonel Stodare qui l'avait vue pratiquer, ainsi que l'ont d'ailleurs raconté plusieurs voyageurs, sur la place de Bombay, mais, on le comprend, avec une mise en scène quelque peu différente.

Nous avons retrouvé d'ailleurs, dans l'ouvrage *Voyages pittoresques autour du monde*, publié en 1834, sous la direction de Dumont-d'Urville, un récit du révérend M. Canter, que nous avons cru intéressant de reproduire ici. La scène se passe à Bombay :

« Après ce tour des œufs vint au milieu du cercle un homme vigoureux et au regard farouche. Il portait un panier qu'il nous pria de visiter. Nous le reconnûmes pour un simple panier d'osier comme on en fabrique dans le pays, très léger et laissant passer le jour par mille ouvertures. Sous cette fragile enveloppe, il fit placer une jolie petite fille de huit ans. Quand elle y fût, l'homme prit un air sinistre, lui fit une question ; elle répondit. La voix semblait venir du panier, l'illusion était complète. Ce colloque dura quelques instants après quoi, le jongleur feignant d'entrer en colère, menaça de tuer l'enfant. Celle-ci criait : « Grâce » ! avec un tel accent que c'était à en frissonner. Tout à coup l'Hindou saisit une épée ; contint avec le pied le panier où chacun de nous croyait entendre la victime, puis dans un mouvement d'infernale rage, il y plongea son arme à plusieurs reprises. Oh! ce fut un moment terrible! La figure du bourreau était hideuse de férocité ; les cris de la victime avaient une vérité déchirante.

J'étais sur le point de me jeter sur cet homme et de le terrasser. Tous mes compagnons frissonnaient comme moi, pâles et hors d'eux-mêmes. On pouvait calculer sans doute que ce jongleur n'aurait pu ni voulu commettre en plein jour et devant tant de témoins un meurtre inutile. N'importe, la scène était saisissante et féconde en terreur. Ce sentiment fut au comble quand on vit le sang jaillir à flots du panier, qu'on entendit les gémissements graduellement moins forts, qu'on pût suivre dans le frémissement du panier cette agonie convulsive. Bientôt les râlements devinrent de plus en plus sourds, puis un soupir, le dernier sans doute, se fit entendre. Nous croyions l'enfant morte, quand, à notre surprise et à la suite de quelques paroles mystiques, le jongleur leva le panier. Il n'y avait rien dessous. Le sol était bien rouge de sang, mais nulle part on ne voyait trace de corps humain. Après quelques secondes d'étonnement, la petite fille, objet de nos alarmes, vint à nous, comme si elle se fût glissée du milieu de la foule, elle nous salua et tendit la main à notre générosité. De bon cœur nous nous exécutâmes. Enchantée de notre libéralité, l'enfant articula un gracieux *salam*, puis toute la troupe s'en alla. Ce qui rendait l'illusion

plus complète, c'est que pendant toute la durée de
cette scène, le jongleur se tint constamment éloigné
de l'assistance. A plusieurs pieds autour de lui, il
n'y avait pas un seul individu, partant, pas un seul
compère. »

LA MALLE DES INDES

Il n'est guère possible de parler du panier indien
sans rappeler la célèbre « Malle des Indes ». De tous
les trucs exécutés en France, depuis une quinzaine
d'années, c'est peut-être celui qui eût le plus de succès
et le plus de retentissement. Voici en quoi il consiste :

On apporte sur la scène une malle ordinaire, de
dimension suffisante pour qu'un homme puisse y
prendre place. Cette malle est retournée en tous sens,
frappée sur toutes ses parois pour montrer qu'elle ne
présente rien d'anormal. On prie deux ou trois spectateurs de monter sur la scène ; on leur fait cade-
nasser la malle et on cachète à la cire les cadenas, en
y mettant l'empreinte que chacun veut ; on ficelle la
malle en posant également des cachets sur les nœuds ;

on la recouvre d'une housse que l'on boucle par-dessous ; on ficelle à nouveau avec de solides cordes en laissant aux spectateurs le soin de cacheter les liens comme ils l'entendent puis on fait venir l'exécutant vêtu d'un costume indien et l'on annonce qu'il va trouver le moyen, sans toucher aux liens, sans ouvrir le couvercle, sans rien changer en un mot à la disposition actuelle de la malle, de prendre place dans la dite malle. On entoure l'indien et sa malle d'un simple paravent les dissimulant complètement, et de tous côtés. On prie un ou deux spectateurs de circuler sans interruption tout autour du paravent pour bien se rendre compte qu'aucune assistance extérieure n'intervient.

Pour éviter la supposition d'une trappe sur la scène, on peut placer la malle sur un second plancher permettant de distinguer celui de la scène. Au bout de quelques minutes, on tire le rideau du paravent : l'indien a disparu ; la malle n'a pas changé de place; on constate que les cordes sont intactes, que les cachets faits sur les nœuds n'ont pas davantage été touchés : on coupe les premiers liens, on retire la housse ; on vérifie à leur tour les liens appliqués directement sur la malle : intacts également, de même que les nœuds, cachets et cadenas ; on coupe alors toutes ces entraves, on ouvre les cadenas, on lève le couvercle de la malle et l'indien en sort tranquillement.

Voici la marche suivie pour l'exécution de ce truc.
Aussitôt dissimulé par son paravent, l'indien couche
la malle sur un de ses côtés, et, débouclant la housse
bouclée sous le fond, il fait glisser cette housse avec
précaution sous les cordes et met à découvert le fond
de la malle ; ce fond n'est pas fixe, mais disposé de
telle façon qu'il s'ouvre en deux, sous une légère
pression ou au moyen d'une clef, dans le sens
de la longueur ; le sujet glisse entre les cordes,
entre dans la malle; de l'intérieur il reboucle vivement la housse et referme le fond sur lui.

Le voici donc dans la place, mais si l'expérience
en restait là, la présentation de la malle par le fond
indiquerait la marche suivie ; il faut donc la redresser.

Voici comment on y arrive d'après M. Dicksonn,
l'inventeur de ce truc, ou du moins celui qui l'a présenté la première fois en France et qui en a donné
lui-même la description. L'indien a dissimulé sous sa
robe une longue mèche analogue à celle dont on se
sert pour percer des trous dans la pierre ; l'extrémité de cette mèche s'engage obliquement dans un
trou ménagé à cet effet dans la paroi de la malle qui
pose à terre ; ce trou n'a pas besoin d'être dissimulé
puisqu'il sert de même que plusieurs autres à l'aéra-
tion; maniée de l'intérieur de la malle, la mèche forme
levier en appuyant sur le sol et la soulève lentement;
lorsque celle-ci fait avec le sol un angle suffisant, le
propre poids de son habitant achève le mouvement et

la fait se redresser d'un seul coup ; le bruit sourd qu'elle produit avertit le prestidigitateur que l'opération est terminée : Il peut faire alors ouvrir les rideaux du paravent.

L'ORCHESTRE SANS MUSICIENS

Voici un truc exécuté aux Etats-Unis avec un certain succès par l'illusionniste Kellar.

Décrivons d'abord l'expérience telle qu'elle se présente aux spectateurs. Une glace épaisse, d'environ 1 mètre 50 de long sur 0 m. 50 de large, est posée sur deux chaises ; dans un coin de la scène, placée sur une chaise, une sorte de boîte avec tentures intérieures et assez élégamment décorée ; elle est formée de quatre pièces dont les deux latérales réunies à celle du fond par des charnières. Les dimensions de cette boîte lorsqu'elle est montée sont les suivantes : hauteur 1 m. 10, largeur 90 c., profondeur 35 c.

Des tambourins et des sonnettes sont placés dans la boîte. On pose celle-ci sur la glace dont nous avons parlé, puis on ferme le devant. Les instruments se mettent immédiatement à jouer, puis sont jetés par dessus la boîte et retombent sur la scène.

Ou ouvre la boîte et l'assistance constate qu'elle est parfaitement vide. Une ardoise absolument

Fig. 23

nette auparavant, se trouve ornée d'un dessin ou d'une inscription quelconque. L'idée qui vient tout naturellement à l'esprit, c'est qu'une personne s'est placée dans la boîte, mais cela est en apparence matériellement impossible vu les dimensions de celle-ci

Nous disons en apparence, car en fait, c'est là tout le secret. Une personne de taille exiguë ou un jeune garçon de 10 à 12 ans, est suspendu par des fils invisibles derrière le fond de la boîte, qui porte une petite planchette à charnières sur laquelle le com

FIG. 29

père s'asseoit à la turque. Ce siège pliant est relié à des contrepoids placés derrière la scène au moyen de poulies. Quand on emploie du fil de fer convenable, il est absolument invisible sur une scène brillamment illuminée.

Après avoir montré les chaises, et placé la glace sur leur dossier, l'opérateur ouvre les côtés pliants de la boîte et la place sur la glace, les contrepoids compensant la surcharge de l'aide dissimulé et maintenant le tout en équilibre. Il place l'avant de la boîte formé par deux portes et l'assujettit aux côtés par des crochets.

L'intérieur de la boîte et les panneaux de la porte sont tendus de soie dorée et froncée. Au fond de la boîte on a eu soin de ménager dans la soie une fente dissimulée dans les plis, pour permettre à l'aide d'y passer son bras et de sortir ce qui est à sa portée.

Tout étant disposé, le tambourin et les sonnettes sont placés dans la boîte et on ferme les portes. L'aide passe la main et le bras à travers l'ouverture, secoue le tambourin, agite la sonnette et les jette par dessus la boîte, puis on ouvre les portes et la boîte est montrée comme avant l'expérience parfaitement vide. Les ardoises propres ont été changées de place et sont recouvertes d'inscriptions. On peut d'ailleurs multiplier les exercices à la volonté du compère.

Une des planches montre la boîte telle qu'elle est vue par l'assistance ; l'autre est une vue prise de côté sur la scène et fait voir l'aide sur une planchette à l'arrière de la boîte, avec les fils de fer correspondant aux contrepoids. (Fig. 28 et 29).

LA DANSE DES INVISIBLES

Dans une féerie opérette d'Offenbach, le *Chat du Diable*, représentée il y a quelques années au théâtre du Châtelet, on intercala un truc très sensationnel et qui obtint pendant toute la série des représentations un incroyable succès.

Ce truc ou plutôt ce tableau était appelé la « Danse des Invisibles » ; il consistait en ceci : La scène était entièrement tendue de noir, y compris le plancher, toute lumière d'en haut ou de côté rigoureusement interceptée, de façon à ne laisser d'éclairage que celui de la rampe, et la salle éclairée comme à l'ordinaire ; on voyait apparaître soudain des personnages grotesques, lumineux, accomplissant mille contorsions. Puis arrivait un personnage de quatre mètres de haut se livrant à une danse échevelée ; soudain la tête se séparait du tronc, celui-ci des jambes qui partaient l'une à droite, l'autre à gauche, tandis que les bras s'en allaient aussi se promener chacun de son côté, tout cela se livrant à la sarabande la plus échevelée pour se réunir de nouveau sans cesser de se trémousser pendant que l'orchestre jouait une gigue endiablée.

Il n'y a, dans cette représentation aucun truc à proprement parler, mais un simple effet d'optique qui permet de dissimuler le moyen employé ; le fond étant entièrement noir, si d'autres plans également noirs se trouvent sur la scène, ils seront invisibles pour le public, étant donné qu'ils ne peuvent se détacher ni sur ledit fond, ni sur le plancher. Dès lors, on peut faire circuler sur la scène autant de personnes que l'on voudra, elles seront invisibles, à la condition qu'elles soient enveloppées de la tête aux pieds d'un maillot noir mat et chaussées de feutre ou de laine pour amortir le bruit de leurs mouvements, couvert d'ailleurs par celui de l'orchestre.

Si on applique sur ces personnages des figures quelconques en carton-pâte, enduites d'une matière phosphorescente, ces figures seront seules visibles dans l'obscurité et paraîtront danser et se mouvoir d'elles-mêmes ; on peut de même les porter au bout de perches plus ou moins longues, également noires, et elles semblent planer dans les airs ; pour le person-

nage de quatre mètres autant d'opérateurs sont nécessaires qu'il y a de membres se disloquant, ces
membres se réunissent ensuite de la façon la plus
simple au moyen d'agrafes.

Nous signalons cette illusion très amusante parce
qu'elle est facile à exécuter par tout le monde, pourvu
que l'on dispose d'une salle assez grande pour éloigner les spectateurs de la scène ; placés trop près,
ces derniers pourraient percevoir les formes des
opérateurs invisibles et le truc serait éventé. On peut
transporter ainsi des objets, des meubles à travers
l'espace, sans que le spectateur puisse se rendre
compte de la façon dont s'effectue leur déplacement,
et les faire séjourner en l'air sans que leur équilibre
s'explique davantage. Il est bon d'être à deux sur la
scène ; un opérateur avec un costume clair et un
aide entièrement vêtu de noir comme nous l'avons
dit ; c'est cet aide qui fait tout ; il faut qu'il ait simplement la précaution de ne jamais passer devant
l'opérateur et lorsqu'il transporte un objet ou un
meuble, de se placer toujours derrière.

On peut, de la même façon, escamoter une personne
en pleine scène, il faut pour cela qu'elle soit vêtue
d'un de ces costumes à lacets dont on se sert dans les
féeries pour les changements de costume instantanés ;
la personne est entièrement vêtue de noir sous son
costume à lacets ; on tire, celui-ci disparaît, mais
comme la tête resterait alors visible, l'aide la coiffe

immédiatement d'un capuchon noir qu'il tient d'avance à la main.

Si l'on veut produire un effet de décapité parlant, on n'a qu'à présenter sur la scène une personne habillée de noir, mais avec capuchon mobile que l'aide enlève d'un seul coup et la tête reste seule visible.

UN BUSTE AU TRAPEZE

On représenta à Paris, il y a environ une douzaine
d'années une illusion assez originale que l'on vit
ensuite dans presque toutes les fêtes foraines.
Le rideau se levait sur une scène tendue de
noir comme pour la Danse des Invisibles. Au plafond était suspendu un trapèze et sur ce trapèze une
femme paraissant n'avoir que le buste et la tête ;
cette femme parlait, remuait les bras, détachait le
trapèze et restait suspendue néanmoins dans les
airs. La disposition employée, facile à deviner d'ailleurs, était la suivante :

La dame est revêtue jusqu'à la poitrine d'un maillot d'une étoffe noire mat ; elle est couchée à plat
ventre sur une planche horizontale qui part du fond
du théâtre pour se terminer au trapèze. Les quatre
cordes qui soutiennent cette planche aux quatre

coins sont noires et par conséquent invisibles; il en est de même de la planche. L'ensemble de ce support échappe donc complètement à la vue; à l'extrémité de ia planche un faux buste dans lequel la dame engage le sien; quelques broderies dissimulent cette superposition. Ce qui ajoute à l'illusion c'est la mobilité de la planche qui permet d'exécuter le mouvement de balançoire du trapèze.

Nous le répétons, on peut multiplier à l'infini les expériences basées sur le même principe; celles que nous venons d'indiquer nous semblent suffisamment typiques pour qu'il soit utile de donner d'autres exemples.

LE COUPEUR DE TÈTES

Nous avons donné au cours de notre volume plusieurs expériences de décapité parlant, mais la présente illusion n'est pas basée sur le même principe et le « professeur » qui vient de la présenter consécutivement sur deux petites scènes parisiennes offre fièrement une forte somme à qui prouvera que son truc est le résultat d'un effet de glaces ; le procédé déployé n'en est pas moins assez simple ; mais, avant de le décrire, nous dirons quelques mots de la mise en scène et du spectacle tel qu'il est vu par le public.

La scène est entièrement tendue d'une draperie noire. Au centre, s'élevant à environ 50 centimètres du sol, une sorte de petit échafaud formé d'une planche massive supportée à chaque coin par un cube en bois. Sur cet échafaud le billot fatal sur lequel la pseudo-victime viendra tout à l'heure poser sa tête, car il ne s'agit pas là d'une décollation par la guillotine, mais bien par la hache comme cela, d'ailleurs, se pratique encore dans quelques contrées d'Europe. Comme accessoires, un second billot monté sur quatre pieds et de diamètre assez considérable ; au pied de l'échafaud, un panier rempli de son, bref une mise en scène d'un réalisme tout à fait macabre.

Le professeur, costumé d'écarlate depuis le capuchon jusqu'aux brodequins, s'avance sur la scène, portant sa lourde hache. Deux aides costumés en pénitents introduisent le condamné, le font agenouiller devant le billot sur lequel il pose docilement la tête. Aussitôt après, le bourreau empoigne sa hache, et avec une habileté véritablement professionnelle, tranche d'un seul coup la tête du patient, puis, la rattrapant par les cheveux, la place sur le billot à pieds que nous avons mentionné ; pendant ce temps le corps du supplicié privé de sa tête se tortille quelques instants sur la table où il s'est allongé après le coup de hache ; le tronc est inondé de sang, de même la tête posée sur le billot. Et l'assistance savoure avec émotion ce spectacle exquis et d'un goût véritablement raffiné ! (Fig. 30)

Avant d'expliquer le truc, nous en rappellerons un autre qui nous revint en mémoire en assistant à l'illusion du Coupeur de têtes et nous permit de

découvrir sans trop de peine le procédé employé.
Dans une des féeries les plus célèbres du répertoire
du Châtelet, la féerie-type assurément, nous voulons
parler des « Pilules du Diable », se trouvait la scène

FIG. 30

suivante : Un des personnages, Nigaudinos, si nos
souvenirs sont exacts, monte en chemin de fer, la
machine fait explosion, et Nigaudinos est projeté

dans les airs assez haut, nous devons le croire, puisqu'il ne retombe guère qu'une minute après et en
autant de morceaux qu'il possède de membres. Il
s'agissait alors de recoller le malheureux Nigaudinos,
opération délicate en principe, mais qui n'était qu'un
jeu pour le chirurgien des Pilules du Diable. On
commence par poser contre la toile de fond les deux
jambes, puis on les raccorde aux deux cuisses que
l'on vient surmonter à leur tour du tronc ; mais
comme la tête et les bras ne sont pas encore retrouvés,
Nigaudinos reste toujours appuyé contre la toile du
fond agitant avec entrain ses interminables jambes,
en homme que la perte de sa tête ne paraît pas pré-
occuper outre mesure.

Disons tout de suite qu'il n'y a là à proprement
parler, pas de truc, mais un dispositif tout logique
que l'éloignement des spectateurs ne leur permet pas
de distinguer. Nigaudinos dont le rôle était tenu par
le long et maigre acteur Scipion, est revêtu d'un
maillot de coton noir ; les membres qui retombent
sur la scène sont également de coton noir, mais rem-
bourrés de crin, deux acteurs posent les jambes contre
la toile du fond, ou plutôt font semblant de les poser,
car les dites jambes sont saisies par un aide derrière
la toile, et l'acteur qui est également derrière la
toile passe ses propres jambes par une ouverture
ménagée à cet effet ; les deux acteurs placés sur la
scène dissimulent cette substitution dont les specta-

teurs ne peuvent par conséquent s'apercevoir : les cuisses, puis la poitrine sont successivement raccordés de la même façon : reste le tête qu'on ne retrouve pas de suite, afin de prolonger un peu plus longtemps l'illusion ; en cette situation, l'acteur paraît véritablement décapité, puisque son corps est tout entier devant la toile et sa tête derrière ; nous ne prétendons pas d'ailleurs que cela soit une position absolument facile à conserver. Ce qu'il y a de certain, c'est que ce truc et l'illusion du coupeur de têtes ne diffèrent guère l'un de l'autre, et que le souvenir du premier nous a fourni sans grand effort d'imagination l'explication du second. Pour sortir Nigaudinos de sa position gênante, ajoutons qu'on retrouve la tête dans un coin, qu'on la replace sur ses épaules, qu'un caniche noir bien frisé et bien dressé vient obligeamment rapporter le bras droit qui était resté introuvable et qu'alors, Nigaudinos, au grand complet, apparaît tout guilleret sur le devant de la scène aux applaudissements de la salle rassurée désormais sur son sort.

Revenons maintenant au « coupeur de têtes ». Lorsque les deux aides ont fait agenouiller la victime sur l'échafaud et placé sa tête sur le billot, ladite tête s'enfonce dans les profondeurs dudit billot, lequel malgré son apparence sinistre n'est qu'un billot truqué et pas du tout massif comme on le croit tout naturellement ; ce billot recèle à l'intérieur une tête de cire semblable à celle du condamné, on

substitue celle-ci à celle-là, c'est-à-dire que le patient passe son cou par une glissière en étoffe imi-
tant la couleur du billot, de façon à dissimuler la solution de continuité et que les aides ajustent rapidement la tête en cire sur les epaules du patient; celui-ci porte un maillot dont l'encolure vient dissimuler cette jonction. La place du corps, du cou, de la
tête, des épaules et même des bras est naturellement
réglée et repérée d'avance et avec soin pour que rien

Fig. 31

ne paraisse anormal. Cette petite opération n'a pu
être vue par le public, car les aides se sont placés devant le condamné qui est ainsi resté dissimulé pendant quelques instants. (Fig. 31)

Le coup de hache porté, nous avons vu que le
bourreau plaçait la tête sur le billot à pieds. En
réalité ce billot est truqué tout comme son collègue;
un individu de taille exiguë y est renfermé il passe

sa tête par une trappe supérieure au moment où le
bourreau fait le simulacre de déposer sur le billot
la tête qu'il vient de saisir par les cheveux. Cette tête

FIG. 32

qui est celle en cire est rapidement dissimulée à l'intérieur. Inutile de dire que le bourreau se place devant le billot et non derrière pour cet escamotage,
qui passe ainsi inaperçu des spectateurs. (Fig. 32).

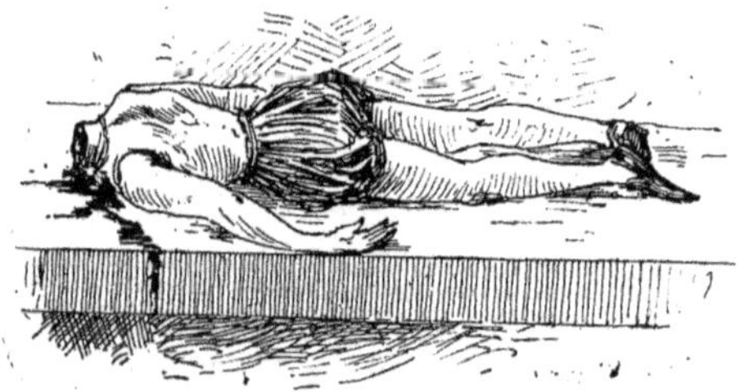

FIG. 33

Les spectateurs s'imaginant voir sur le billot à
pied la tête qui vient de rouler sous le coup de hache,
l'illusion est à ce moment assez complète ; mais elle

serait néanmoins insuffisante car, en regardant le billot resté sur l'échafaud, on s'apercevrait avec un peu d'attention que la véritable tête est engagée dans ce billot; c'est pourquoi au moment ou, après avoir lancé son coup de hache, le bourreau se précipite sur la tête en cire et la saisissant par les cheveux fait le simulacre de la placer sur le second billot; à ce moment, disons-nous, la victime, profitant de ce que l'attention des spectateurs est involontairement concentrée tout entière sur la tête, s'allonge su l'échafaud, les deux aides, lui formant de leurs corps un écran protecteur contre l'indiscrétion possible d'un spectateur méfiant, puis passe sa tête par une ouverture pratiquée dans ce but sur le plancher de l'échafaud, ouverture dissimulée par le billot que l'un des aides enlève alors; puis, sur les épaules du patient, le second aide place une section de cou en cire toute maculée de sang, de sorte que le corps qui s'agite comme mû par un reste d'existence semble réellement décapité. Comme nous l'avons dit, cela se fait d'autant plus facilement que l'attention de l'assistance est distraite par la scène qui se passe à côté. (Fig. 33)

Lorsque les choses en sont à ce point, on invite les spectateurs à venir toucher la tête pour bien s'assurer que c'est une tête humaine. Comme on a eu soin d'inonder le billot de sang de bœuf, les assistants en général plus écœurés que convaincus

reculent invariablement devant l'investigation ap-
profondie qui pourrait leur donner la clé de l'énigme.

Nous ne savons si l'illusionniste qui vient de
donner ce spectacle à Paris s'en attribue la conception. A notre connaissance, il a eu au moins un pré-
décesseur. Cette illusion de la tête coupée fut, en
effet, donnée il y a sept ou huit ans aux États-Unis
dans des représentations du célèbre Barnum. La
scène était jouée par deux clowns. Il n'y avait pas
de billot, mais l'échafaud était figuré par une grande
caisse en bois à l'intérieur de laquelle un troisième
personnage était caché, dont la tête était peintur-
lurée comme celle de la victime, de façon à ce qu'on
pût les prendre l'une pour l'autre. Le bourreau après
avoir abattu la tête en cire la posait sur l'échafaud
et cette tête se mettait à fumer une cigarette. En
réalité elle était escamotée par le personnage de
l'intérieur de la caisse qui, passant sa propre tête
par une trappe, la substituait à celle en cire.

Comme on le voit, sauf quelques légers détails de
mise en scène, le procédé est trop identique à celui
que nous venons de décrire pour qu'il soit utile de
donner de plus longues explications.

ESCAMOTAGE D'UNE DAME

Nous avons déjà vu que les prestidigitateurs ne sont pas plus embarrassés pour escamoter une créature vivante qu'une muscade. Voici une façon de procéder qui n'exige aucun préparatif apparent du moins. Une chaise, un journal et une dame ; voilà tout le matériel nécessaire. Il ne faut pourtant pas croire que c'est un tour facile à exécuter chez soi et se promettre de l'essayer à la première occasion : le plancher sur lequel on opère doit être muni d'une trappe, or comme c'est rarement le cas dans nos habitations nous n'insistons pas davantage.

L'opérateur arrivant sur la scène montre donc son matériel : une chaise qu'il place au milieu puis comme on pourrait précisément supposer l'existence

d'une trappe il étend sous la chaise un grand journal. Il ne saurait donc y avoir communication entre
le dessus de la scène et les dessous. Ceci fait, il va
chercher son sujet une dame qu'il fait asseoir sur la
chaise (Fig. 34), il entoure la dame et, par con-

Fig. 34

séquent, la chaise de la tête aux pieds d'un paravent.
Après une demi minute employée à donner quelques
explications sur ce qui va se passer il enlève brus-
quement le paravent, plus personne sur la chaise ; la
dame s'est évanouie, au figuré bien entendu. Le
journal n'a pas bougé de place.

Puisque la dame n'est pas partie en l'air elle a

donc disparu par le plancher ? C'est en effet ce qui
s'est passé. La chaise a été posée sur une trappe, et le
journal, ce journal d'apparence bonnasse que l'on
avait posé pour écarter l'idée de trappe, ce journal a
tout simplement servi à mieux tromper les specta-

Fig. 35.

teürs, il n'est pas d'un seul morceau mais découpé au
centre selon la forme de la trappe.

Lorsque le paravent est posé; cette trappe descend rapidement sous la scène avec la partie centrale du journal la chaise et la dame ; celle-ci quitte
la chaise qui aussitôt remonte seule avec la trappe,
c'est en tout l'affaire de quelques secondes et lorsque

l'on enlève le paravent, le journal qui ne présente
aucune solution apparente de continuité déroute la
perspicacité des spectateurs qui sans cela, n'eussent pas manqué et à juste titre de soupçonner la
présence de la trappe.

LE PALANQUIN

Voici encore une autre façon d'escamoter une dame
ou un monsieur, ici il y a un peu plus de mise en
scène.

Un grand palanquin à colonnes surmonté d'un dais
assez élevé est introduit, posé sur les épaules de
quatre porteurs qui font une ou deux fois le tour de
la scène. Dans le palanquin se trouve une jeune dame
étendue sur le côté, la tête appuyée sur la main
droite. Le palanquin est bien à jour et l'on voit parfaitement le fond et les côtés de la scène entre les
quatre colonnes qui supportent le dais. (Fig. 36).

Les porteurs étant placés au centre de la scène,
on ferme le palanquin au moyen de rideaux à glissière ; quelques secondes après, on les rouvre, le

palanquin est vide et la dame a disparu, les porteurs
n'ont pas bougé ; des spectateurs que l'on a placés sur
la scène pour surveiller le palanquin n'ont rien vu
d'insolite...

FIG. 36.

Voici comment se fait l'opération : le palanquin
qui en apparence ne présente rien d'anormal est
truqué ; les quatre colonnettes qui supportent le dais
aux quatre coins sont creuses et chacune porte à sa

partie supérieure une poulie sur laquelle s'enroule
une corde mince mais suffisamment résistante, cette
corde est fixée d'un côté à un contre-poids, de l'autre
à la planche, sur laquelle la dame se trouve étendue.
En tirant les rideaux du palanquin, les porteurs déga-

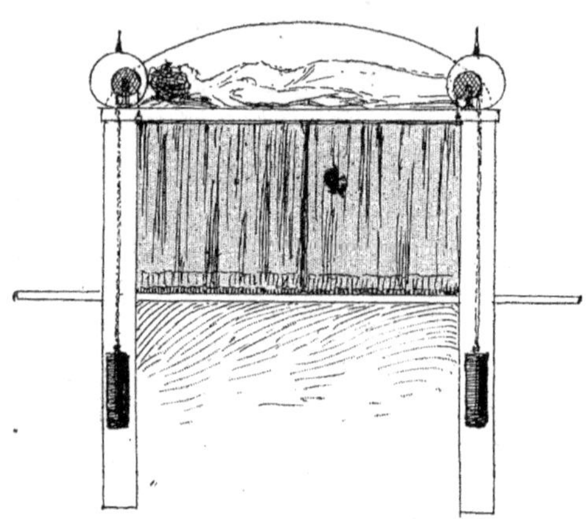

Fig. 37.

gent les contrepoids qui, agissant simultanément,
glissent dans l'intérieur des colonnes et font monter
du même coup la dame et le double fond qui disparais-
sent dans l'épaisseur du dais. (Fig. 37).

Comme les porteurs n'ont pas bougé, que le palanquin n'a pas quitté leurs épaules, qu'il n'y a par consé-

quent ni substitution de palanquin, ni trappe, ni miroir, l'effet produit est très réussi.

Pour éviter que l'attention puisse se porter sur le dais et sur les colonnes, on atténue leur masse en les peignant de couleurs très crues sur lesquelles on ménage des ombres violentes exagérées de telle sorte que la partie peinte de couleur crue étant seule apparente, leur masse réelle se trouve dissimulée et ne peut rien présenter de suspect au spectateur le plus méfiant.

LES ONDES SONORES

Voici une illusion d'une nature toute spéciale et qui ne fait appel à aucun des auxiliaires habituels de la prestidigitation. Il s'agit d'un instrument qui joue tout seul l'air qu'on lui demande de jouer ; nous disons tout seul, car l'instrument est quelconque : piano ou violon, trompette ou flute, harpe ou contrebasse. Or, si l'on peut à la rigueur arranger un piano pour y dissimuler un exécutant invisible, un violon ou une flute ne se prêteraient pas à la même supercherie.

L'expérience est conduite de la façon suivante : Sur la scène ou dans un coin de la salle du théâtre ou elle a lieu, se trouve un pianiste. L'opérateur qui présente l'expérience annonce à l'auditoire que le pianiste jouera sur son instrument tels morceaux qui lui seront demandés par les spectateurs et que ces morceaux seront répétés par un autre instrument, une trompe ou cor de chasse par exemple, sans le secours d'aucun exécutant.

On apporte alors la trompe en question et on la fait circuler dans l'assistance qui constate qu'elle ne présente rien d'anormal. D'ailleurs, pour éloigner l'idée d'une supercherie quelconque, ce n'est pas sur la scène qu'on la placera, mais dans la salle même, au milieu des spectateurs et c'est là que cet instrument complètement isolé de tout contact répétera tout seul tous les morceaux que le piano exécutera.

On apporte ensuite dans la salle un support, sorte de colonne parallélipipédique en bois, posant à terre au moyen de quatre barres transversales à angle droit ; cette colonne, mise en place au milieu des spectateurs se termine à son extrémité supérieure en forme de potence et à l'arbre horizontal de la potence se trouve une courroie à laquelle on suspend la trompe. Tout est prêt pour l'expérience.

Comme on ne peut demander au pianiste d'exécuter que des morceaux connus de lui, on a eu soin de dresser d'avance une liste de ces morceaux, liste étendue d'ailleurs, quarante ou cinquante fragments pour le moins. Ce choix peut être encore beaucoup plus considérable, mais le fut-il dix fois plus, il est indispensable, pour la réussite de l'expé-

rience, qu'il soit fait d'avance. Nous en verrons plus
loin le motif.

Un spectateur désigne donc au pianiste un air
quelconque, celui-ci l'exécute et lorsqu'il a terminé,
la trompe se met à répéter le même morceau absolument comme si elle était actionnée par un virtuose

Fig. 38.

aux poumons puissants. A première vue, ou plutôt
à première audition, l'étonnement n'est pas mince
de voir cet instrument jouer tout seul et répéter im-
perturbablement la phrase exécutée au piano quel-

ques instants auparavant! Et il n'y a pas d'illusion possible, pas de supercherie, ce n'est pas du fond de la scène qu'un exécutant dissimulé joue de la trompe; le son sort bien de l'instrument suspendu là au milieu des spectateurs; ce n'est pas non plus du plafond que sort cette mélodie à génération réellement spontanée, le son n'aurait ni une pareille vigueur, ni une pareille netteté, et d'ailleurs un auditeur consciencieux peut porter son oreille à l'embouchure de la trompe il se convaincra que c'est bien l'instrument qui joue et joue tout seul! (Fig. 38).

L'expérience est renouvelée avec un égal succès sur dix, quinze ou vingt morceaux, la trompe répète avec une merveilleuse impeccabilité ce qu'elle entend jouer.

Quel peut donc être l'agent invisible qui fait agir cette trompe pour l'ébahissement invariable de la presque totalité de l'auditoire? Une simple loi d'acoustique que nos lecteurs connaissent, mais que nous ne jugeons pas inutile de rappeler en décrivant la disposition de l'expérience. Pour parler plus exactement ce n'est que la répétition d'une expérience scientifique avec la mise en scène habituelle d'un théâtre de prestidigitation.

On sait que les corps solides *élastiques* transmettent le son avec une grande facilité. Si l'on applique une montre contre une extrémité d'un tronc d'arbre coupé et que l'on applique l'oreille à l'autre extrémité on percevra très distinctement le tic tac de la montre ; de même on entendra l'approche d'un train à une distance considérable en posant l'oreille sur un rail. Si l'on applique l'oreille à l'extrémité d'une longue poutre on entend distinctement le plus léger choc produit à l'autre extrémité.

Voici le principe de notre expérience, mais ici il ne s'agit que d'un son perçu par une seule personne à la fois et non par tout un auditoire. Un dispositif spécial est donc nécessaire. On le trouvera dans l'expérience suivante que nous empruntons au livre de John Tyndall, sur *le Son*.

« Voici une baguette longue d'une dizaine de mètres ; partant de cette table, elle traverse le plafond et va aboutir à une terrasse en plein air. Son extrémité inférieure est engagée dans une pièce plate en bois posée sur la table et elle se prêtera, je l'espère, à transmettre à cette sorte de table d'harmonie, le son rendu par un corps vibrant mis en contact avec son extrémité supérieure. Mon préparateur est sur la terrasse tenant à la main un diapason ; il frappe contre un corps solide le diapason qui entre en vibration, mais nous n'entendons rien. Il applique le pied du diapason sur l'extrémité de la tringle et aussitôt la table d'harmonie rend un son musical très distinct. Le ton de ce son est d'ailleurs exactement le ton du diapason, le bois, par rapport au diapason, est purement passif. Il transmet, sans altération aucune, les vibrations qu'il a reçues. Quand on substitue un second diapason au premier, on entend un son de ton différent. Appliquons cinquante diapasons au lieu de deux, faisons la tringle longue de 100 mètres au lieu de dix mètres, le bois transmettra toujours fidèlement les vibrations qu'il aura reçues et pas d'autres. »

Cette expérience démontre amplement le principe théorique. Les deux suivantes sont plus curieuses encore et précisent d'une façon parfaite le dispositif employé dans l'illusion des « Ondes Sonores », une des différentes dénominations données à ce truc sur les scènes où il a été présenté.

« Avec quatre perches de sapin M. Wheatstone a réussi à conduire *à travers plusieurs étages d'une maison, un concert donné dans la cave.* Les perches d'environ deux centimètres d'épaisseur étaient appuyées par leurs extrémités inférieures l'une sur la table d'harmonie d'un piano, une autre sur le chevalet d'un violon, la troisième sur celui d'un violoncelle et la quatrième sur la base de l'anche d'une clarinette ; elles traversaient la voûte de la cave où étaient les instruments et pénétraient jusque dans l'étage élevé où étaient les auditeurs. Chaque tringle se terminait par une tablette renforçante en bois mince et élastique. Tout ce système vibrait énergiquement lorsqu'on attaquait dans la cave un morceau de musique, et à l'étage supérieur la chambre

se remplissait de sons qui semblaient sortir des
planchers ensorcelés. Cette expérience est d'un
effet magique : le bois chante tout à coup comme s'il
était animé, on se croirait au milieu d'un orchestre
véritable sans le témoignage des yeux. M. Kœnig a
fait la même expérience avec une boîte à musique
cachée dans une grande caisse ouatée à l'intérieur.
Une longue tringle de bois traverse le dessus de la
boîte et se termine par une planchette carrée. Lorsqu'on enlève la planchette, on n'entend rien, mais
dès qu'on l'appuie sur l'extrémité libre de la tringle
on entend très distinctement l'air que joue la boîte
à musique (Radau, l'*Acoustique*). »

« Dans une salle située au rez-de-chaussée et
dont nous sommes séparés par deux étages se trouve
un piano. A travers les deux plafonds passe un tube
de fer blanc de 6 à 7 centimètres de diamètre tra-
versé suivant un axe par une longue baguette de
sapin dont une extrémité sort du plancher; la baguette est entourée d'une bande de caoutchouc,
de manière à remplir entièrement le tube de fer
blanc; l'extrémité inférieure de la baguette repose
sur la table d'harmonie du piano. Un artiste joue
actuellement un morceau de musique, mais vous
n'entendez aucun son. Je pose ce violon sur l'extrémité de la baguette et voici que le violon rend à son
tour l'air joué par l'artiste, non par les vibrations de
ses cordes, mais par les vibrations du piano. J'enlève

le violon, la musique cesse ; je mets à sa place une guitare et la musique recommence. Au violon et à la guitare je substitue une table de bois elle rend à son tour les sons du piano. Voici enfin une harpe ; j'appuie sa table d'harmonie contre l'extrémité de la baguette et vous entendez encore chacune des notes du piano. Je soulève assez la harpe pour qu'elle ne soit plus en communication avec le piano, le son s'éteint. » (Tyndall, *Le Son*.)

Après la description de ces remarquables expériences, il ne nous reste que peu de chose à dire pour en revenir à notre illusion.

Sous la salle du théâtre se trouve un sonneur de trompe ; le pavillon de son instrument se trouve en contact avec une perche ou une tringle analogue à celles dont il vient d'être parlé. Cette tringle se relie à la potence que l'on place dans la salle à un endroit quelconque en apparence, mais parfaitement répéré d'avance. La partie supérieure de la potence faite de bois de sapin mince et bien vibrant forme une boîte d'harmonie à la sonorité vigoureuse.

Nous avons vu que les morceaux susceptibles d'être joués par le pianiste se trouvent sur une liste que l'on fait passer entre les mains des spectateurs. Le pianiste joue le morceau désigné et lorsqu'il a terminé le sonneur de trompe n'a plus qu'à reprendre le même morceau sur son propre instrument ; au fur et à mesure qu'ils sont émis, les sons sont transmis par la boite d'harmonie que forme la potence sans rien perdre de leur vigueur et commè la trompe se trouve placée au même endroit, ces sons semblent réellement en sortir.

La désignation du morceau à jouer est transmise de façon quelconque à l'exécutant placé sous la scène, soit par un aide qui lui désigne directement ou par un tuyau acoustique, le morceau à jouer et l'instant où il doit commencer, soit par un timbre électrique qui fait sortir sur un tableau le numéro du morceau et donne le signal de commencer.

· A l'inverse des expériences précédentes la trompe ne répète pas les sons du piano et si au lieu de la trompe on mettait un violon ou une harpe, ce serait un air de violon ou de harpe, qui serait répété ; ceci à fin de corser le spectacle.

Il faut naturellement que les deux exécutants, celui du piano et celui de la trompe, soient en possession du même répertoire, c'est pourquoi ce répertoire est prudemment limité d'avance à un certain nombre de morceaux. Il est bien évident qu'il suffirait, pour faire manquer l'expérience, qu'un assistant prit la place du pianiste et exécuta un morceau de sa composition ou un morceau peu connu. Dans le premier cas, il y aurait impossibilité pour le sonneur de trompe de répéter le dit morceau et beaucoup de chances pour qu'il en soit de même dans le second cas. L'illusion deviendrait également impossible à réaliser si l'on demandait que la potence fut placée dans un autre endroit, puisqu'il n'y aurait plus communication avec la trompe du dessous de la salle. Ce serait là une inutile et mauvaise plaisanterie que l'on ne saurait trop désapprouver, les prestidigitateurs ne se posant en général jamais pour des sorciers.

Nous avons vu réaliser cette illusion, dans une autre circonstance et avec une mise en scène un peu différente ; cela s'appelait le piano magnétisé. La trompe était remplacée par un piano posé sur la scène, mais l'air demandé n'était pas joué au préalable et on ne le choisissait pas sur une liste dressée d'avance, chacun pouvait désigner l'air qui lui convenait; ce qu'il y avait là de vraiment remarquable c'était l'étendue du répertoire de l'exécutant dissimulé qui put jouer sans une seule défaillance pendant presque une demi-heure des fragments des quinze ou vingt morceaux qui lui furent demandés par des auditeurs, morceaux très populaires pour la majorité il faut le dire, mais dont quelques-uns, néanmoins, eussent pu mettre dans l'embarras un musicien d'une mémoire moins bien meublée.

LE PRISONNIER RÉCALCITRANT

Le truc présenté sous le titre ci-dessus est à double fin : 1° Ficeler un sujet, lui emprisonner bras, jambes, tête, et lui faire jouer toutes sortes d'instruments : trompette, sonnette, tambourin, pistolet, etc. ; 2° le faire se délivrer de ses entraves et reparaître dans le fond de la salle, tout ceci dissimulé, bien entendu, au regard des spectateurs.

Ce truc étant ce que l'on pourrait appeler un des classiques de la prestidigitation a été représenté un peu partout, et naturellement avec des mises en scène et des procédés susceptibles de varier. Nous ne le décrirons donc que d'une façon générale et sans prétendre que les procédés que nous allons indiquer soient exactement ceux employés par tel ou tel prestidigitateur. S'il n'y a pas similitude absolue il y aura du moins une ressemblance considérable.

On apporte sur la scène un instrument que l'on baptise du nom de pilori : instrument en bois dans lequel le prisonnier sera maintenu par les poignets, par les pieds et encore par la tête, quelque chose d'analogue à la cangue chinoise et baptisé ainsi en souvenir du pilori d'autrefois ou le patient restait exposé plus ou moins longtemps à la vue des badauds de l'époque.

Cet instrument assez simple se compose de deux montants verticaux reliés par une traverse horizontale supérieure, avec une tablette sur laquelle le prisonnier s'asseoit, et à la partie inférieure une seconde, et à hauteur de la tête une troisième traverse. Cette dernière sert à emprisonner le cou, les montants verticaux prennent les mains, et la traverse inférieure les pieds.

Ce pilori est posé sur une plate-forme hexagonale en bois, laquelle ne pose pas directement sur le plancher, mais sur des supports cubiques, et pour montrer qu'il ne saurait y avoir communication avec la scène par cette plate-forme, on installe dessou u-une petite lampe à incandescence que l'on allume.

On amène le prisonnier, il s'assied sur la tablette et l'on procède à son incarcération. Ceci se fait en général avec l'assistance de quelques spectateurs de bonne volonté, car il s'agit de bien faire voir que non seulement toute évasion, mais encore tout mouvement sont rigoureusement impossibles.

On emprisonne d'abord les mains ; à cet effet les montants sont à charnières. On fait passer le poignet dans une ouverture circulaire ménagée à cet effet au point de jonction des deux parties. On les réunit par

un cadenas ; la serrure de ce cadenas est bouchée au
moyen de cire molle sur laquelle un spectateur est
prié de mettre l'empreinte qu'il voudra ; il est évident que le poignet peut bien se mouvoir dans son
ouverture circulaire, mais que la main n'y saurait
passer. On procède de même pour le cou, puis pour
les pieds.

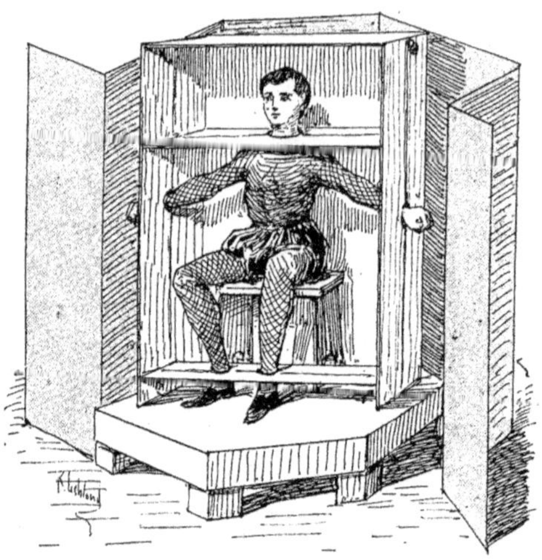

Fig. 39

Mais naturellement les évènements qui vont suivre
ne peuvent se passer sous les yeux du public, il faut
donc dissimuler le prisonnier. A cet effet on apporte
une grande case hexagonale en bois massif, dont

chaque côté se démonte et qui s'adapte exactement à la plate-forme sur laquelle se pose le pilori. La paroi qui fait face au public est remplacée par un rideau. On a disposé par-dessus le tout, une légère toiture. Deux spectateurs sont priés de rester sur la scène pour surveiller ce qui va se passer et l'expérience commence.

On dépose aux pieds du prisonnier différents instruments : une sonnette, un accordéon, un tambourin, etc., puis on ferme le rideau. Au bout d'un instant, on l'ouvre ; le prisonnier fume paisiblement une cigarette qu'il a trouvé moyen d'allumer et de porter à sa bouche ; le rideau se referme, de vigoureux coups de sonnette se font entendre, puis c'est le tour de l'accordéon, du tambourin. Chaque instrument après s'être fait entendre, passe mystérieusement dans les mains de l'aide placé auprès du pilori. Le rideau est tiré de nouveau et l'on constate que rien n'a bougé.

On referme et comme les spectateurs placés sur la scène n'ont plus rien à faire ils sont priés de regagner leur place. Le prestidigitateur explique alors que son prisonnier va accomplir quelque chose de plus étonnant encore qui terminera l'expérience. Un coup de pistolet se fait entendre dans la case, l'aide ouvre précipitamment le rideau... la prison est vide, en un instant, son habitant s'est évadé et le pilori est toujours à sa place avec ses cadenas fermés

et leurs empreintes intactes, et comme le prestidigitateur demande ou a bien pu passer son prisonnier :
« Ici », fait soudain ce dernier en apparaissant dans
le fond de la salle.

Ces différents tours s'expliquent facilement par la
construction du pilori. Pour permettre, par exemple,
aux poignets de sortir du cercle de bois qui les en-
serre le constructeur a pu à volonté ne pas enfoncer
les pitons des cadenas dans le bois même de l'instrument mais dans de petites pièces rapportées à
très peu de profondeur et qu'il est facile d'enlever
par simple traction de la main ou bien mettre de
fausses vis à l'un des côtés d'une charnière ou même
faire une coulisse dans le bois se soulevant sous
simple pression de la main.

Pour la barre qui emprisonne la tête on peut avoir
recours à un procédé un peu différent : Cette barre
se compose de deux parties longitudinales réunies à
charnière à droite, et à gauche par un cadenas, échan-
crées au milieu, d'un demi cercle, pour livrer passage
au cou du patient ; il suffit dans ce cas pour dégager
le cou par simple pression de construire en deux
morceaux la partie d'avant au moyen d'un trait de
scie oblique et de fixer les morceaux aux extrémités
par deux petites charnières dissimulées ou encore de
découper au coin de chaque échancrure une sorte de
demi couronne en bois agrandissant lorsqu'on la
soulève, le cercle qui entoure le cou d'une quantité

suffisante pour que la tête puisse y passer. De même
pour les deux pieds.

Ceci posé il est aisé de comprendre comment le
prisonnier a vite fait de dégager, d'abord une main
avec laquelle il manie les instruments mis à sa portée.

La seconde partie dè l'expérience ne présente pas
plus de difficultés : le patient aussitôt que le rideau a
été refermé sur lui se débarrasse vivement de toutes
ses entraves remet tout en place et pousse le panneau qui se trouve derrière lui ; ce panneau n'est pas
en bois d'une seule pièce comme on pourrait le croire,
il est fait de lames de bois comme celles des par-
quets, assemblées dans le sens de la largeur ; les deux
lames du centre ne font que se toucher sans s'em-
boiter et la moitié inférieure du panneau se rabat
en arrière ; le fond du théâtre qui est en partie dissimulé par la barrière entourant le pilori est pourvu
d'une porte secrète sur laquelle est peint un mé-
phisto ou autre personnage qui en dissimule les
contours ; cette porte livre passage au prisonnier qui
tombe sur un matelas destiné à amortir le bruit de
sa descente, le panneau de l'hexagone est vivement
redressé par un aide qui tire auparavant un coup de
pistolet ; quand retentit la détonation le prisonnier a
déjà gagné le fond de la salle alors que l'assistance
occupée par le coup de pistolet le croit encore enfermé et comme on ouvre le rideau une seconde
après il semble avoir instantanément disparu.

LE NAIN JAUNE

Le Nain Jaune est incontestablement une des plus jolies illusions que nous ayons vues depuis une dizaine d'années, non pas tant pour son principe même qui ne présente rien d'original, mais pour la façon dont elle était disposée et présentée.

On vient de reprendre ce truc, et avec un gros succès, aux Etats-Unis, sous la dénomination de *The Flying Child* (l'enfant volant). L'illusionniste américain ne s'est même guère mis en frais d'imagination pour le rajeunir, car en fait de modifications nous ne voyons guère que celle du titre. C'est au Théâtre Robert-Houdin que le Nain Jaune fut donné pour la première fois.

On présente aux spectateurs le Nain Jaune figuré par un jeune garçon de très petite taille, en maillot mi-partie rouge, mi-partie jaune, pourpoint également bariolé, manteau vert, chapeau à grandes plumes et visage dissimulé en partie par une forte moustache, faux-nez, etc.

La présentation faite, on apporte sur la scène une

grande boîte, peinte extérieurement et intérieurement, sorte d'armoire très basse que nous désignerons par la lettre A, puis une autre identique que nous appellerons B.

L'opérateur annonce qu'il va faire entrer le nain dans l'armoire A d'où il trouvera moyen de se transporter, au commandement, dans l'armoire B. On fait examiner celle-ci en tous sens par des spectateurs qui constatent qu'elle est réellement vide ; on la ferme et pour rendre impossible toute communication entre les deux caisses, on envoie cette dernière au-dessus des spectateurs, dans l'espace où elle reste suspendue à un câble par une poulie qu'elle porte à son sommet. Au moment de l'envoyer ainsi en l'air, le prestidigitateur, feignant d'avoir entendu une remarque d'un des spectateurs fait remarquer que la boîte est toujours vide et, comme preuve ouvre à nouveau la porte qu'il ne referme que lorsque ladite armoire est soulevée de terre et qu'on la fait glisser sur son câble. Le point intéressant à constater, celui sur lequel repose toute l'expérience est donc bien acquis, l'armoire B qui ne touche à rien, qui ne repose sur rien, qui est au-dessus des spectateurs, hors de tout contact, est bien vide.

Revenons à l'armoire A, qui est restée sur la scène. On l'isole du plancher en la plaçant sur deux chaises, on y fait entrer le nain, on referme la porte. Puis, comme signe, un coup de pistolet se fait entendre :

on ouvre précipitamment l'armoire A, elle est vide.
On va à l'armoire B, toujours suspendue, le nain en
sort et dégringole joyeusement les gradins pour sa-
luer l'assistance ébahie pendant que l'on fait disparaître rapidement les deux armoires et le rideau
baisse.

Nos lecteurs perspicaces auront déjà vu qu'il n'y
a là qu'un dispositif tout à fait semblable à celui
dont nous avons parlé plus haut pour les « guérites
fantastiques », le côté, réellement mystérieux, est le
système d'isolement de l'armoire B qui intrigue les
spectateurs au plus haut degré puisqu'il est absolu-
lument évident pour eux que cette armoire lorsqu'on
la fait glisser sur son câble est bien vide.

Et pourtant, comme on le pense bien, à ce moment
l'armoire est déjà pourvue de son locataire. Voici,
du reste, comment les choses se passent.

Lorsque l'on apporte l'armoire B sur la scène, elle
est placée non pas à un endroit quelconque, mais
juste au-dessus d'une trappe ; un enfant de même
taille et costumé en nain jaune identiquement à
celui qui est sur la scène se glisse par cette trappe
dans l'armoire qui possède un fond à charnières se
soulevant par simple pression. Cette armoire est
construite comme celle décrite à la page 48, mais
d'un plus petit modèle ; dès qu'il y est installé, ce
qui se fait à l'insu du public, puisque la porte est fer-
mée, l'enfant ramène les glaces sur lui, et, dissimulé

par elle, devient invisible pour les spectateurs qui.
voyant les parois réfléchies par les dites glaces
s'imaginent voir le fond. C'est alors que le prestidigitateur ouvre à nouveau l'armoire B et avant de la
lancer sur son câble, fait constater qu'elle est vide,
il est évident que cette constation doit être purement visuelle et qu'il se garde bien comme la première fois de faire tâter le fond et les côtés latéraux.

Quant à la boîte A qui est restée sur la scène elle
est construite de même façon; tant que la porte en
est ouverte les glaces rabattues sur les parois sont
dissimulées par leurs placages extérieurs en bois ou
leur garniture d'étoffe. On y fait entrer le premier
nain, le seul qui existe, par conséquent, pour les
spectateurs, et aussitôt cela va sans dire que l'armoire B a été suspendue.

On ferme la porte de A, le nain qui vient d'y entrer ramène les glaces sur lui comme ci-dessus et
est devenu par suite invisible, lorsque quelques secondes après on ouvre à nouveau son armoire. Quant
au nain de B, dès qu'il est en position il lui suffit de
repousser les glaces contre les parois pour redeve-
nir visible, avant que l'on ait ouvert à nouveau sa
porte. Grâce à leur taille, leur costume, leur ma-
quillage identiques, cette substitution d'un enfant à
l'autre passe complètement inaperçue des spectateurs.

LA DANSE SERPENTINE

Dans ce chapitre et ceux qui vont suivre nous parlerons de quelques effets scéniques qui n'ont plus rien à voir avec l'illusion ou la prestidigitation. Ils s'opèrent en plein théâtre et rien n'est dissimulé aux spectateurs du mécanisme ou de l'éclairage. Quoique sortant un peu du cadre de cet ouvrage nous avons crû préférable de ne pas les passer sous silence.

On peut dire que la serpentine est une danse particulière, parce que ce n'en est pas une au sens chorégraphique du mot. La danseuse en place sur le théâtre, habillée d'un volumineux attirail qui exige dit-on plus de cent mètres d'étoffe, par de lents déplacements exigeant plus de mouvements de bras

que de jambes, fait voltiger la légère draperie et la
fait onduler en courbes gracieuses. La variété de
formes et de contours qu'une danseuse habile peut
obtenir est infinie. Pour ajouter à l'effet, on se sert
de baguettes qui étendent la portée dans la direction des bras. Cette danse a été rendue fameuse par
Miss Loïe Fuller dont la réputation est aujourd'hui
universelle. Les raffinements et les perfectionne-
ments qui y ont été apportés pendant la saison dernière en ont presque fait une chose nouvelle.

Notre illustration a été dessinée en vue de montrer les procédés adoptés pour produire les effets
splendides qui sont la caractéristique de cette danse.
Elle s'exécute dans une salle où l'on a fait l'obscurité. Des projecteurs sont répartis, quatre sur les
côtés et un en bas de la scène de façon à inonder de
lumière le corps de la danseuse. (Fig. 40)

Une plaque de glace épaisse encastrée dans
le parquet de la scène permet au projecteur
placé en dessous de produire son effet. A l'avant
de chaque projecteur se trouve monté un large
disque perforé près de sa circonférence d'un certain nombre d'ouvertures. Ces ouvertures reçoi-
vent des écrans de gélatine colorée différemment
pour chaque ouverture, une seule est laissée sans
écran, celle qui doit servir à projeter la lumière
blanche. Les opérateurs suivent avec leur projecteur
les mouvements de la danseuse et peuvent produire

FIG. 40.

une inépuisable gamme d'effets en variant les couleurs envoyées par chaque projecteur.

Le théâtre étant dans l'obscurité complète, le sujet peut-être amené progressivement en vue et disparaître progressivement par le mouvement des projecteurs. Il peut apparaître sous une couleur quelconque ou sous une combinaison de couleurs et s'é-
vanouir de même façon. Il est inutile de dire que
c'est un spectacle composé, en ce sens que la danseuse ne produit qu'une part de l'effet obtenu, d'habiles opérateurs étant absolument nécessaires pour
manier les projecteurs et donner ces effets de lumière qui constituent pour l'œil un si merveilleux
spectacle.

On obtient un résultat des plus remarquables avec
une lanterne à projection, manœuvrée sur le devant
de la scène, comme on peut le voir sur la gauche de
notre dessin. L'opérateur projette sur la draperie
différents dessins ou figures tels que ceux employés
d'habitude pour les lanternes à projections. C'est
alors la draperie flottante qui lui sert d'écran
pour cette projection. Naturellement la mise au
point exige une attention toute spéciale.

La danse serpentine a attiré l'attention des artistes
et plusieurs jolies statues ont été inspirées par ses
nuageuses variations de forme.

En traduisant au moyen de la matière solide employée par le sculpteur les formes onduleuses de la

draperie flottante, on est parvenu à produire les effets les plus gracieux et les plus caractéristiques.

Un des sujets les plus saisissants est celui de la danse des flammes. Le voile est dans ce cas d'un blanc pur, mais lorsque la danseuse approche de l'ouverture vitrée du plancher de la scène, ce voile devient d'un rouge vif et des flammes semblent s'élancer de tous côtés comme soufflées par le vent. On projette alors des ombres sur la draperie qui donne la sensation exacte d'une fumée noire et épaisse, laquelle se change derechef en un jet de flamme éclatant comme si le feu venait de s'attiser à nouveau.

LE TRAPÈZE AMBULANT

L'application de la mécanique aux effets scéniques et gymnastiques se trouve èxposée de façon fort intéressante dans le trapèze basculant, exhibition qui après avoir obtenu beaucoup de succès en Angleterre est retournée aux Etats-Unis, pays de son inventeur. Elle a été récemment une des principales attractions de l'Olympia de New-York. Notre figure 41 donne la coupe du mécanisme de l'appareil et la figure 42 montre la marche de la représentation telle qu'elle est exécutée. Au plafond de la grande salle est suspendu un cadre rectangulaire dont le côté inférieur manque. A l'extrémité inférieure des deux branches libres, on a tourillonné un second rectangle supportant lui-même un trapèze à chaque extrémité. Sur le côté supérieur du cadre vertical est fixée une bicyclette qui, par un engrenage visible dans la petite gravure, correspond à l'axe du cadre inférieur, de sorte que lorsque l'on fait mouvoir les pédales de la bicyclette ce cadre inférieur s'entraîne dans un mouvement de rotation autour de son axe.

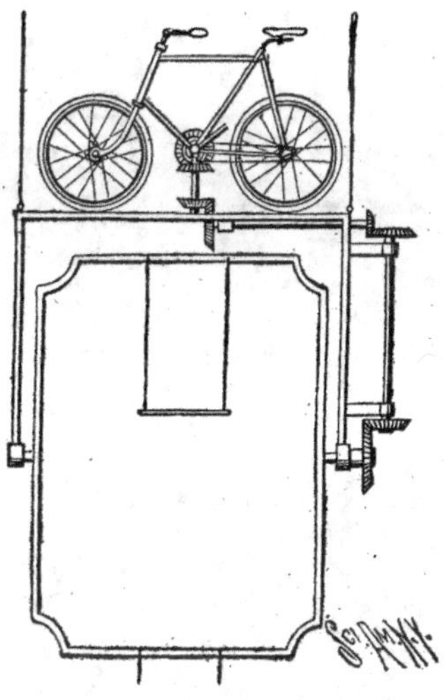

FIG. 41

On peut lui donner un mouvement très régulier au moyen de lest. L'appareil complet, compris la bicyclette est 'pourvu de lampes à incandescence et la bicyclette porte une couronne également lumineuse. Quant [au fonctionnement de l'ensemble, notre grande gravure (fig. 42) l'explique surabondamment.

Une des équilibristes monte sur la bicyclette et
commençant à pédaler, met l'engrenage en mouvement tandis que les deux autres équilibristes exécu-

Fig. 42

tent sur chaque trapèze les exercices les plus variés
tout en accomplissant dans l'espace un mouvement
continuel de rotation.

Un clavier est placé sur le guidon de la bicyclette et commande l'éclairage électrique de tout le système ; il permet d'obtenir en pressant tel ou tel bouton des effets de couleurs variées tel qu'on le désire. Indépendamment du haut mérite de cet exercice au simple point de vue gymnastique, le côté mécanique est des plus intéressants ; car la facilité et la sûreté des manipulations autant que la sécurité sont choses indispensables. Personne ne touche à l'appareil en dehors des trois équilibristes, de sorte que tout marche sous leur unique contrôle. Lorsque l'on voulut essayer de faire fonctionner l'ensemble au moyen d'un mécanisme dissimulé, il y eut toujours un fonctionnement médiocre et des accidents partiels. Tandis qu'ici c'est l'équilibriste placée sur la bicyclette qui est le seul agent moteur du trapèze, D'une façon constante, elle a tout sous sa direction et son contrôle et par surcroit la bicyclette lumineuse, placée comme elle est à une hauteur considérable, ne constitue pas la moindre attraction. La longueur des cordes des trapèzes est calculée de façon que l'équilibriste puisse passer à travers le cadre sans le toucher et c'est pour le même motif que le dit cadre est dépourvu d'axe horizontal.

LA BALANÇOIRE FANTASTIQUE

Nous ne voudrions pas affirmer que c'est exactement ainsi que s'appelle la balançoire dont nous allons parler. Quoi qu'il en soit, ce titre peut lui être appliqué et l'originalité de cet appareil lui valût il y a quelques années un très réel succès de curiosité tant à Paris, où cette balançoire fut installée dans différents établissements, qu'en France et à l'étranger.

On fait entrer les spectateurs dans une pièce de dimensions plutôt restreintes. A une forte barre de fer traversant la pièce près du plafond, se trouve suspendue une grande balançoire pourvue de sièges pour un certain nombre de personnes. Après que les amateurs s'y sont assis, un aide pousse la balançoire qui oscille comme n'importe quelle autre. On ferme alors la porte de la pièce.

Progressivement et après une dizaine d'oscillations, il semble aux « balancés » que la balançoire va de plus en plus haut, mais ce n'est pas tout. L'amplitude des oscillations augmente si bien qu'à

un certain moment la balançoire fait un tour
complet autour de son axe, puis deux et continue
pendant un certain temps son invraisemblable gira-
tion. Ce qui rend la chose plus incroyable, c'est que
la barre de fer est coudée en deux endroits, de
sorte qu'il semble complètement impossible que la
balançoire puisse passer entre cette barre et le plafond. Tout le temps que dure cet exercice, les voyageurs éprouvent une sensation véritablement
étrange, puis les mouvements s'apaisent graduellement, la rotation complète est suivie du mouvement
habituel de va-et-vient jusqu'à l'arrêt complet de la
machine. La balançoire n'entre cependant pour rien
dans l'effet produit. L'illusion est basée sur le mouvement de la chambre elle-même.

Pendant l'exhibition, la balançoire est au repos. Lorsque les voyageurs y ont pris place, on
lui donne une légère impulsion; puis l'opérateur se
place en dehors de la pièce. Cette pièce n'est en
quelque sorte qu'une grande boîte tourillonnée sur
la traverse qui supporte la balançoire. Sous l'impulsion que lui donne l'opérateur, elle décrit un mouvement de bascule inverse des oscillations de la balançoire. L'opérateur accélère le mouvement en aug-
mentant l'arc décrit jusqu'au moment où elle accomplit la rotation complète autour de son axe. Cela
se fait sans machinerie spéciale, en donnant simplement l'impulsion aux côtés ou aux angles de cette

Fig. 43

Fig. 44

salle. Pour les spectateurs, la chambre est immobile et il leur semble que c'est eux qui tournent à la volée dans l'espace. Lorsque l'exercice a convenablement duré, les opérateurs ralentissent le mouvement pour l'arrêter progressivement, mais avant l'arrêt complet de la chambre on donne quelques impulsions à la balançoire pour que le mouvement final complète l'illusion aussi bien que le mouvement initial.

Une disposition ingénieuse contribue à accentuer cette illusion. La pièce en question est aussi complètement meublée que possible, chaque meuble se trouvant, bien entendu, soigneusement fixé. Sur une table se trouve une lampe, naturellement rivée sur la table qui l'est elle-même au plancher et la dite lampe qui semble être à l'huile porte dans son verre une petite lampe à incandescence que l'on ne distingue pas, mais il ne peut venir à l'idée des spectateurs que cette lampe accomplit dans l'espace un voyage qui semblerait naturellement plein de danger pour elle. On peut dire la même chose des tableaux accrochés au mur, de l'étagère garnie de bibelots chinois, de la chaise sur laquelle est posée un chapeau et de la voiture d'enfant. Tout contribue à la mystification. Et quoiqu'ils puissent être au courant du truc en montant dans la balançoire l'illusion est si parfaite que les voyageurs saisissent involontairement les bras des sièges pour se cramponner.

LA MARCHE AU PLAFOND

L'exercice que nous allons décrire constitue un problème d'équilibre qui n'est, assurément, pas banal. Il consiste à se promener sur une planche à 10 mètres du sol, ce qui est facile, mais à se promener *sous* la planche et non dessus, et la tête en bas, ce qui présente, comme on le voit, moins de commodités.

Disons de suite que cet exercice s'accomplit au moyen de ventouses pneumatiques adaptées aux chaussures de l'équilibriste; nos lecteurs n'ignorent pas quelle est la puissance de la pression atmosphérique et comprendront facilement qu'une ventouse de diamètre relativement petit peut suffire à contrebalancer la traction exercée par le poids d'une personne ainsi suspendue et maintienne l'adhérence de cette personne à la plate-forme sur laquelle se fait l'expérience.

Une planche bien rabotée d'environ 8 mètres de long est suspendue au plafond du cirque ou du théâtre et tout près de l'une de ses extrémités se trouve un trapèze.

L'équilibriste dont les brodequins sont pourvus comme nous venons de le dire de crampons pneumatiques, s'asseoit d'abord sur la barre du trapèze face au public, puis se soulevant sur les bras, les jambes en l'air, amène ses pieds en contact avec le dessous de la planche. En vertu de la pression atmosphérique, ses chaussures adhèrent aussitôt à cette planche et l'équilibriste lâchant, le trapèze, se trouve suspendue la tête en bas. Elle commence alors sa promenade, mais à tout petits pas qui n'excèdent pas 20 centimètres et très lentement; arrivée au bout de la planche, elle pivote très doucement sur elle-même, recommence sa promenade en sens inverse et, après avoir gagné l'autre extrémité de la planche, regrimpe sur son trapèze. (Fig. 46).

Bien entendu, et pour parer aux fantaisies possibles de la pression atmosphérique, ou mieux à un défaut de fonctionnement des crampons pneumatiques, on dispose à deux ou trois mètres du sol un solide filet qui doit protéger l'équilibriste en cas de chûte; celle-ci est entraînée d'autre part à y tomber sans se faire de mal, car la chûte, dans une mauvaise position, pourrait parfaitement occasionner, même dans ce filet un choc très dangereux.

Fig. 45.

Le système adhérent aux brodequins est, d'une
façon générale, une sorte de petite pompe aspirante
en caoutchouc en forme de calice. C'est un disque
de deux centimètres de diamètre et de 15 millimètres
d'épaisseur. A son centre est fixée une tige perforée
à l'une de ses extrémités. Cette tige entre dans un
socle rivé à la semelle du brodequin. Ce socle est

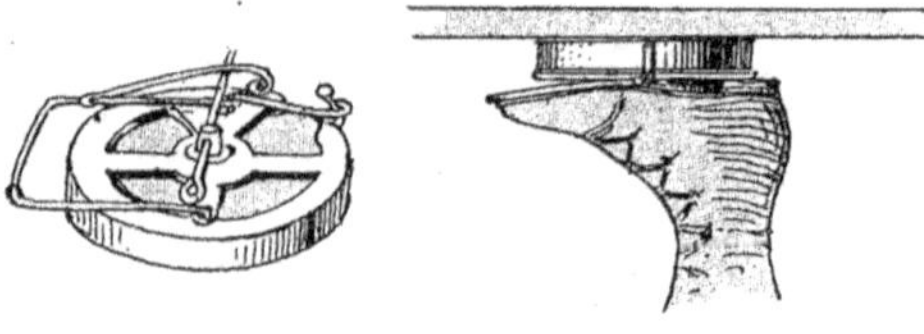

FIG. 46.   FIG. 47.

lui-même perforé transversalement. Une tige de fer
y passe, enfile celle qui part du centre du disque et
unit celui-ci au socle, de façon parfaite. (Fig. 46.)

Un gros fil métallique recourbé qui fait saillie en
dehors de la pointe du pied pivote sur deux bornes
placées suivant un diamètre du disque. Ce fil lorsqu'il est libre est sollicité dans le sens vertical hors
du contact du disque et appliqué contre le socle du
brodequin par un ressort. Un petit morceau de ficelle
est fixé d'une part au caoutchouc, d'autre part à une
ouverture forée dans le fil à sa partie qui fait saillie
en dehors du disque. Ce dernier, lorsqu'il est appliqué contre une surface plane, y adhère en vertu de la
pression atmosphérique. Si, à ce moment, sous la

pression du pied, le fil de fer est ramené vers la planche il tire la ficelle à lui, qui exerçait une pression sur le bord du caoutchouc, l'isole de la planche à l'endroit où il passe, cela suffit pour laisser pénétrer l'air et faire cesser l'adhérence. A chaque pas que fait l'équilibriste, l'un des disques adhère à la planche par pression, et l'autre est détaché par l'action que nous venons de décrire. (Fig. 47.)

Un exemple très commun fera, d'ailleurs, comprendre l'action de ces disques pneumatiques. Tout le monde connaît les chandeliers que l'on fait adhérer sur une muraille une planche, une glace, etc., au moyen d'une bague de caoutchouc à l'intérieur de laquelle on fait le vide en tournant le chandelier. L'appareil qui nous occupe n'est pas autre chose que ce chandelier avec le dispositif spécial pour provoquer automatiquement la rentrée de l'air.

On calcule que chaque disque d'environ 10 centimètres de diamètre peut supporter à peu près 110 kilogs. Le poids de l'équilibriste ne dépassant guère 60 kilogs. On voit qu'il existe une marge très rassurante pour la sécurité de la personne qui se livre à ce sensationnel exercice.

UNE COURSE DE CHEVAUX AU THÉATRE

Dans une pièce jouée il y a quelques années au Théâtre des Variétés, on intercala comme « great attraction » une course de chevaux, de véritables chevaux montés par de véritables jockeys et galopant pendant cinq ou six minutes.

Il semble tout d'abord que la scène d'un théâtre si vaste soit-il ne puisse guère se prêter à une course de chevaux, à moins de faire comme pour les figurants des armées en marche, c'est-à-dire les faire tourner derrière la scène pour reparaître aussi longtemps qu'on le voudra.

Pourtant dans le cas dont nous parlons les chevaux, d'abord au repos sur la scène, partaient au pas puis au tout petit galop puis augmentaient progressivement l'allure jusqu'au galop, qu'ils conservaient pendant un certain temps jusqu'à l'arrivée au poteau.

Disons de suite qu'on atteignait ce résultat en faisant déplacer le terrain sur lequel galopaient les chevaux en sens inverse de leur mouvement. Nous n'entrerons pas dans le détail de la machinerie théâtrale employée pour arriver à ce résultat, ce mécanisme fort simple en principe était d'une exécution très compliquée.

Il consistait sommairement en deux énormes tambours horizontaux placés à chaque extrémité de la scène dans le sens de la profondeur ; sur ces deux tambours s'enroulait un plancher flexible sans fin, sorte de linoléum. Une machine à vapeur placée dans le sous-sol de la scène actionnait un des tambours qui donnait le mouvement d'entraînement au plancher. C'est sur ce système que galopaient les trois chevaux et, pour que la partie centrale du plancher mobile ne vint pas fléchir sous leur poids, ce plancher était soutenu par d'autres tambours de petit diamètre et fous sur leur axe, de façon à soutenir le poids des chevaux sans gêner par leur frottement le déplacement du plancher.

Les jockeys n'avaient donc qu'à régler la vitesse de leurs montures sur la vitesse de déplacement du plancher, et c'est pourquoi ils pouvaient prendre toutes les allures depuis le pas jusqu'au galop.

Il est évident que, limitée à ceci, la course ne pouvait donner que l'impression d'un galop sur place quelque difficile que puisse paraître cet exercice. On a essayé d'ajouter à l'illusion, de la compléter autant que possible, en simulant le déplacement des chevaux par rapport aux objets environnants, c'est-à-dire au fond de la scène. Or, les chevaux ne pouvant progresser en avant, c'est le fond de la scène que l'on a dû faire déplacer en sens inverse de leur mouvement apparent. Par une disposition semblable à celle du plancher, on a donc fait mouvoir le décor du fond, de telle sorte que le paysage semblait fuir comme il semble le faire quand on regarde par la portière d'un train en marche.

Quand nous disons que le paysage semblait fuir nous exagérons évidemment, car, pour être véridique, il fallait une bonne volonté énorme pour éprouver une illusion quelle qu'elle fût.

Ce truc fut repris l'année suivante au théâtre du Châtelet mais avec un certain perfectionnement et un résultat meilleur. Les chevaux étaient remplacés par deux bicyclistes, et comme il est plus facile de faire pédaler sur place des bicyclistes que de faire galoper des chevaux, le plancher mobile était supprimé. Les bicyclettes posées sur un système quelconque de suspension roulaient dans le vide et un léger talus empêchait les spectateurs de voir l'absence de contact entre les roues et le sol ; de plus, les bicyclettes fixées à une trappe mobile dans le sens de la largeur du théâtre pouvaient être progressivement amenées du côté gauche au côté droit de la scène en tirant lentement la trappe au moyen d'une corde. Mais c'est surtout sur le décor du fond que s'était portée l'ingéniosité vraiment remarquable du metteur en scène. Ce décor se déroulait interminablement laissant voir un passage des plus variés, et ce qu'il y avait de plus remarquable c'est que sur un plancher mobile placé au pied ou voyait paraître successivement des passants, une voiture, des gendarmes, un lavoir avec des blanchisseuses, un poste d'octroi, un pêcheur à la ligne, etc., etc. Ajoutons qu'on assistait à un moment donné à un orage fort bien réglé.

Quelque relative que fut l'impression produite, ce décor obtint, pendant toute la durée des représentations, un énorme succès.

UN PEU D'HISTOIRE

Nous avons dit deux mots dans la préface, de l'histoire des frères Davenport. Notre ouvrage serait incomplet s'il ne relatait cette histoire qui fait réellement époque dans les Annales de la Prestidigitation. Jamais prestidigitateurs ne causèrent tant d'émotion, tant de tumulte pour mieux dire et ne suscitèrent de pareilles polémiques. Des sommités littéraires, pour ne citer que Henry de Pène et Edmond About, ne dédaignèrent pas de leur consacrer de nombreuses chroniques ; bref ce fut, à la lettre, un événement sensationnel.

Les frères Davenport étaient de fort habiles prestidigitateurs, mais, au lieu de se présenter simplement en cette qualité, ils assignèrent à leurs expériences une origine mystérieuse et voulurent se faire passer pour médiums ou spirites. Actuellement cette prétention laisserait le public fort indifférent. A ce moment, où l'on s'occupait avec frénésie de tables tournantes et de toutes les manifestations des esprits de l'autre monde, où ces phénomènes rencontraient des croyants et des sceptiques, également acharnés, de part et d'autre, à ce moment, disons-nous, les frères Davenport y gagnèrent du jour au lendemain une prodigieuse célébrité, il ne fut plus question que d'eux dans Paris ; mais cette célébrité leur devint funeste et ils durent quitter Paris devant les tempêtes de protestations que soulevaient chaque soir leurs exercices, surtout lorsqu'un des plus habiles prestidigitateurs de l'époque, Comte, répéta toutes leurs expériences, sans pour cela faire le moindre appel au spiritisme.

Ira et William Davenport, Américains d'origine, arrivèrent en France en septembre 1864 où ils se firent annoncer par de sensationnelles affiches. Ils avaient, paraît-il, obtenu auparavant un retentissant succès en Angleterre, et leur renommée les suivit en France où la plupart des journaux signalèrent leur arrivée. Ils débutèrent par des exercices en petit comité lesquels consistaient en soi-disant manifestations spirites; ces premiers exercices firent beaucoup de bruit, car les privilégiés qui y assistèrent étaient surtout des journalistes qui ne manquèrent pas de s'émerveiller bien haut des phénomènes inexplicables dont ils avaient été les témoins. La curiosité générale étant alors suffisamment excitée, on annonça des séances publiques; le prix des places était de vingt-cinq francs pour la totalité du spectacle et dix francs pour la première

partie seulement, tarif, comme on le voit, légère-
ment excessif et qui ne dut pas rendre de bonne
humeur maint spectateur désillusionné. Ces expériences publiques devaient avoir lieu à la salle Herz.
Elles étaient à peine annoncées que déjà les contra-
dicteurs surgissaient, et Edmond About, notamment, attaquait avec une fougue, un peu exagérée
peut-être, les pseudo-spirites. Un malencontreux
panégyriste des frères Davenport avait, paraît-il,
écrit dans un gros volume que ceux-ci pouvaient
s'envoler et planer dans les airs et qu'ils avaient
accompli maintes fois en public cette prodigieuse
expérience !! C'était abuser un peu de la crédulité
des naïfs ; aussi About, s'emparant de cette affirma-
tion, écrivait-il dans l'*Opinion nationale* : « Eh quoi !
Messieurs, vous laissez dire que vous avez volé sans
ailes dans un salon, quand il est avéré que vous ne le
pouvez plus ! Vous avez donc alors une puissance
qui s'est usée, une vertu qui est sortie de vous ?
Faut-il conclure que vous avez démérité des esprits,
vos domestiques, que vous n'avez plus sur vos porteurs aériens la même autorité qu'autrefois, que
vous êtes en baisse à l'âge de vingt-cinq ou de vingt-
trois ans, que vous allez de plus fort en plus faible
et cela dans la patrie de Nicolet ? Vous venez nous
montrer des miracles de pacotille après avoir donné
en Amérique des représentations dont un dieu serait
jaloux ! Prenez-vous donc Paris pour une de ces

sous-préfectures infimes où les artistes usés, incompris et hors d'âge vont quêter un regain de succès?

« N'est-il pas singulier qu'en 1865, lorsque l'humanité entière court à grands pas vers le progrès, quand l'esprit positif envahit tout, quand toutes les sciences débarrassées du fardeau des niaiseries antiques se lancent résolument dans la route du vrai, on vienne entreprendre de ressusciter les farces surnaturelles?. . . . .

« Mais je reviens à vos phénomènes, puisque enfin vous avez des phénomènes à vous et que vous semblez désireux d'en trouver le placement..

« Que voulez-vous prouver? quelle conclusion tirez-vous de vos petits tapages nocturnes? Quel élément nouveau apportez-vous à la science? Voyons, déboutonnez-vous franchement, les idées neuves ne nous font pas peur. Elles nous effarouchent si peu, qu'il est fort inutile aujourd'hui de les recommander par le miracle. Une bonne vérité fait son chemin dans ce monde sans accompagnement de guitares lumineuses et de violons phosphorés. »

Cet article était de fort mauvais augure pour les succès des représentation publiques des frères Davenport. Elles eurent lieu pourtant, et devant une assistance nombreuse, mais au milieu de quel tumulte! Henry de Pène donna dans la « Gazette des Etrangers » le compte rendu de la mémorable « première ». Nous reproduisons ci-après son article

qu'il avait intitulé : *L'égorgement des frères Daven-*
port à la salle Herz.

« La première représentation des deux frères
devant un public payant a eu lieu mardi soir comme
on l'avait annoncé. La salle avait allumé ses lustres ;
toutes les places étaient remplies. Mais le spectacle
s'est trouvé noyé dans un tumulte digne d'une assem-
blée d'actionnaires en furie. On a fait beaucoup de
bruit et d'assez méchante besogne.

« La séance de nuit la plus intéressante des deux,
celle qu'on avait poétiquement intitulée : *Une heure*
dans les ténèbres et qui ne devait avoir pour témoin
qu'un petit nombre de spectateurs au prix fort, n'a
pas eu lieu du tout.

« La première partie seulement de la séance, dite
publique, accessible à des prix doux, a suffi pour
amener un tumulte tel, que, après trois quarts d'heure
environ de brouhaha, le public a dû sortir avec des
sergents de ville dans les reins ; du reste on rendait
loyalement l'argent à la porte. On nous dit même
qu'il en est sorti de la caisse plus qu'il n'en était
entré.

« Ces pauvres Davenport ! je les ai vus de près, je
leur ai parlé, j'ai touché leur armoire, leurs fameuses
cordes, le tambour de basque, les sonnettes, les
guitares en un mot, tous les éléments de la sympho-
nie miraculeuse dans laquelle il paraît qu'ils excel-
lent. J'avais été appelé par le suffrage universel des

spectateurs au périlleux honneur de monter sur l'estrade pour inspecter les opérations, lier, délier et faire tout ce qui concernait mon état de contrôleur.

. . . .

« Enfin, le spectacle va commencer ! pas encore ! les acteurs sont bien en scène ; leur armoire est bien ouverte à trois battants pour les recevoir, mais leur ignorance de notre langue, leur désir affecté ou sincère d'un contrôle sérieux, l'empressement avec lequel ils acceptent tout examen sans marchander, l'entêtement qu'ils mettent à forcer le mandataire de l'incrédulité publique (hélas ! c'était toujours nous) à fourrer son nez partout amènent des longueurs et encore des longueurs. Il vaudrait mieux tromper les gens et les tromper plus vite. On grogne, on chante, on siffle, on rit aux éclats, on hurle, on se fâche.

« Pendant ce temps difficile, nous nous acquittons des fonctions qui nous ont été déléguées, nous vérifions, nous sondons, nous tâtons tout, puis après examen des cordes qui doivent nous servir, nous attachons de notre mieux les deux frères sur le banc de leur armoire. Le public interrogé par l'interprète répond en chœur qu'il est satisfait de notre travail. Mais un Monsieur aux cheveux blonds, que l'on m'a dit depuis être ingénieur, se lève : « Ces messieurs, dit-il, sont sincèrement liés, mais mal attachés ; je vais les garrotter moi-même de telle sorte qu'ils ne pourront se défaire. » Il exécute ce qu'il dit et retourne à sa place d'un air de triomphateur. Les portes de l'armoire se ferment sur les deux frères qui, quelques minutes après, paraissent détachés de leurs liens. On applaudit. Les Davenport avaient donc réussi dans ce que j'appellerai provisoirement leurs tours de cordes, lorsque le Monsieur blond, qui tient à venger sa défaite, s'élance impétueusement sur l'estrade et s'écrie : « On nous trompe, c'est une indigne mystification : la planche sur laquelle ces messieurs sont assis est à bascule et leur permet de se détacher. » Disant ceci, il applique un vigoureux coup de poing sur la planche qui se brise avec fracas. Ainsi qu'il arrive, lorsqu'on retire une chaise sur laquelle on est assis, l'un des frères Davenport tombe naturellement par terre. Toute la salle se lève aussitôt, la tempête est partout. Chacun quitte sa place et devient son propre délégué ; tout le monde est sur l'estrade. On parle aux gens qu'on ne connaît pas, exactement comme les jours d'émeute. M. Herz commence à trembler pour sa salle.

« Entrée des sergents de ville vive et animée, et, sur l'ordre formel du commissaire de police, la séance est levée. A l'heure nocturne où j'écris ces lignes, mardi minuit, on ne parle que des Davenport sur le boulevard en tumulte. »

. . . .

En quoi donc consistaient ces trucs merveilleux
capables de mettre, ainsi que l'écrivait Henry de
Pène, « tout le boulevard en tumulte » ? En des exercices de prestidigitation considérés aujourd'hui
comme fort simples, qui furent repris dans la suite
par tous les illusionnistes et qu'aujourd'hui même on
reproduit encore assez souvent. Celui qui resta le
plus célèbre et auquel s'attacha leur nom fut
« l'Armoire ».

Cette fameuse armoire était un placard ordinaire à
trois portes au lieu de deux ; dans la partie correspondant au battant du milieu, étaient placés divers
instruments de musique : tambour, trompette, violon, etc. Fixée à chaque paroi latérale une planchette
servait de siège. Les deux frères entraient dans l'armoire et plusieurs personnes de l'assistance étaient
conviées à prendre place sur la scène, tant pour
s'assurer pendant toute la durée de l'expérience qu'il
ne pouvait y avoir nulle intervention extérieure, que
pour ligotter les deux sujets sur leurs bancs. On pro-
cédait alors à cette opération avec un soin méticuleux
et les deux médiums, ayant affaire à un public plutôt
prévenu contre eux, inutile de dire que cette opération était consciencieusement faite et qu'il semblait
impossible que les deux frères pussent faire un mouvement. Ceci fait, on fermait les trois portes. Au bout
d'un instant, elles étaient rouvertes et les opérateurs
descendaient sur la scène tenant à la main les liens

qui les enserraient si vigoureusement quelques instants avant.

La seconde opération était inverse de la première,
c'est-à-dire que les deux freres, remontés dans leur
armoire, se garrottaient d'eux-mêmes tels qu'ils étaient
auparavant, fait très explicable pour l'un, mais moins
concevable pour les deux. Vérification faite par l'assistance de ces nouveaux liens, les portes étaient refermées, mais aussitôt les instruments se livraient tous
à la fois à un vacarme épouvantable et pourtant, par
les portes ouvertes alors subitement, on constatait
que les deux frères étaient à leur place, toujours bien
et dûment ficelés.

Jusque-là, les choses étaient tout au moins étran-
ges, mais voici qui sembla encore plus inexplicable.
Un spectateur, désigné par l'assistance elle-même,
point un compère, par conséquent, prenait place dans
le milieu de l'armoire entre les deux frères, les deux
mains attachées, l'une à une épaule d'Ira, l'autre à un
genou de William. A peine les portes refermées, et
malgré la présence de ce témoin gênant, le vacarme
musical reprenait de plus belle, et, en ouvrant de nouveau les portes, on apercevait les frères toujours
ficelés, mais le délégué accoutré de la plus grotesque
façon, coquettement coiffé de son mouchoir de poche,
la tête passée au travers du tambour de basque,
dépouillé de ses lunettes et de sa montre, et par sur-

11

croît tout ahuri et incapable de dire comment les choses s'étaient passées.

Bref, sans entrer dans le détail de tous les exercices, on peut dire que les deux frères avec bras et jambes vigoureusement ficelés, agissaient comme s'ils eussent eu la liberté la plus absolue de leurs mouvements. Cet exercice peut sembler aujourd'hui banal, mais il faut nous reporter, pour l'apprécier, à un peu plus de trente ans en arrière et concéder tout au moins aux frères Davenport le mérite de l'avoir pratiqué les premiers.

Après la séance de l'armoire venaient « les Exercices des Ténèbres ». Les deux frères sont assis auprès d'une table sur laquelle ils ont placé une guitare et un tambour de basque, une rangée de spectateurs de bonne volonté les entoure complètement. Deux becs de gaz seulement restent allumés de chaque côté de l'estrade : à un signal ces becs sont baissés, l'obscurité est complète ; deux minutes après, on les rallume, les frères se sont solidement fixés sur leurs chaises respectives.

Les lumières sont éteintes de nouveau et aussitôt les instruments se mettent à jouer, à la stupeur de l'auditoire, car lorsque la lumière reparaît, les médiums sont solidement garottés et les instruments ne semblent pas avoir bougé de place. Guitare et tambour de basque sont enduits d'une matière phosphorescente et la nuit se fait de nouveau. Alors, chose à

peine croyable, on voit les instruments s'élever
dans l'air, planer au-dessus des spectateurs, les
effleurer, ce qui fait éprouver à nombre d'assistants
une sensation plutôt désagréable : en même temps
les médiums se sont livrés à de véritables espiègle-
ries, s'emparant du chapeau de l'un, du lorgnon de
l'autre, et on les en trouve affublés à la réapparition
de la lumière, toujours liés sur leurs chaises et ne
paraissant pas avoir bougé d'une semelle.

Il serait difficile de dire exactement comment s'y
prenaient les Davenport pour cette dernière opération ; quant à l'armoire, c'est chose aisée à expliquer,
et on verra dans le présent volume, à l'article « le
prisonnier récalcitrant», un tour analogue sinon identique. Nous avons même vu les frères Isola procéder
avec un spectateur comme les Davenport, c'est-à-dire
qu'ils l'enfermaient avec eux et trouvaient moyen de
l'incarcérer à leur place dans une sorte de cangue.

Pour le truc des ténèbres, donc, voici comment les
choses devaient se passer : il faut tout d'abord faire
bon marché des nœuds et des entraves, car personne
n'ignore aujourd'hui que rien n'est plus simple pour
un presdigitateur un peu adroit que de construire des
nœuds en apparence inextricables et qui se défont
avec le secours d'une seule main ; on opère de cette
façon d'innombrables tours de foulards ; il leur suf-
fisait de s'enserrer les poignets dans deux sortes de
boucles formées par les nœuds pouvant prendre du

jeu par suite d'un léger effort, pour libérer ou emprisonner leurs mains à volonté. Si nous nous reportons d'autre part au « Truc des Invisibles », on comprendra que la guitare et le tambour de basque étaient visibles par phosphorescence dans les ténèbres, tandis que ceux qui les maniaient restaient inaperçus ; ils avaient donc l'air de planer réellement, et, en s'approchant le plus près possible des spectateurs, en allongeant le bras, les médiums pouvaient les effleurer et s'emparer qui d'un chapeau, qui d'un lorgnon, puis revenir précipitamment replacer leurs poignets et leurs chevilles dans les liens complaisants dont ils s'étaient adroitement évadés.

Quoi qu'il en soit, les exercices des deux frères avaient eu tant de retentissement qu'ils furent conviés à donner une représentation à Saint-Cloud devant la cour Impériale. Nous avons retrouvé un amusant récit de cette représentation dans le *Journal illustré* du 19 novembre 1865 ; nous le reproduisons ci-après :

MM. ROBIN ET DAVENPORT

Finis coronat opus
La fin couronne l'œuvre.

Le dernier coup de grâce vient d'être porté aux frères Davenport et à leur charlatanisme spirite, il y a une dizaine de jours, et le coup leur vient d'en

haut : il part de la cour. L'Empereur a voulu voir de
ses yeux la jonglerie qui avait fait rire tout Paris, ou
plutôt il a voulu en rire à son tour, et, un soir, il a
mandé les deux médiums américains à Saint-Cloud
pour y donner la représentation de leurs exercices ;
mais le lendemain (leçon salutaire), il invitait
M. Robin, l'anti-spirite à venir répéter devant la
cour la parodie que cet ingénieux prestidigitateur
avait faite de la charge des Yankees. Le rire fou, le
rire homérique dont Leurs Majestés ont été les pre-
mières à donner le signal, a vengé tout le long de la
soirée le bon sens français auquel les jongleurs
d'outre-mer voulaient s'en prendre. A l'issue de
cette seconde séance, où les assistants déridés ont
pris leur revanche de la veille, les félicitations, dont
l'Empereur et l'Impératrice ont gratifié M. Robin,
ont dû être pour tous une véritable profession de foi.
Aussi, n'avons-nous pas eu le tort de dire au commencement que c'était là le dernier coup de grâce
porté aux Davenport.

Et tout d'abord, pour l'édification de ceux qui ne
s'en sont pas rendu compte par eux-mêmes en assistant à ce spectacle chez M. Robin, si toutefois il
est de ces gens dans Paris, tant l'affluence a été et
est encore grande à son théâtre, disons donc que,
chez lui, tout s'y passe à la grande lumière du gaz,
tandis que, chez les frères, les lumières sont baissées
à un tel point qu'on y distingue à grand'peine quel-

que chose. La question est déjà posée de cette façon
nettement entre les esprits de lumière et ceux des
ténèbres, la victoire ne saurait être douteuse. Mais il y
a plus : les Davenport sont deux dans leur armoire à
trois portes ; le médium de M. Robin n'a pas de frère
dans la sienne pour l'aider et elle ne se ferme que
par deux portes.

Les premiers se font attacher avec sept ou huit
bouts distincts de cordes, l'autre se sert d'une corde
de quinze mètres de long d'un seul morceau. Vous
ne pouvez savoir ce qui se passe dans la boîte des
Davenport, puisqu'ils s'y enferment; mais M. Robin,
lui, laisse tout ouvertes les portes de son armoire, et
l'on voit son médium accomplissant *coram populo*
le charivari spirite et faisant apparaître les mains
(les siennes, bien entendu). Je vous défie de garder
votre sérieux devant la pantomime désordonnée à
laquelle assiste le public au théâtre Robin, assaison-
née surtout comme elle l'est des remarques pi-
quantes du spirituel metteur en œuvre de cette
scène.

TABLE